Velázq

DATE DUE

2016

J. Rogelio Buendia

Ana Avila

Colección: Biblioteca Básica
Serie: Arte (Monografías)

Edición y Diseño: Narcís Fernández
Inés Plana

Ilustraciones: Archivo Anaya
Oronoz

Coordinación científica: Juan Antonio Ramírez
(Catedrático de Historia del Arte)
Coordinación editorial: Emilio Pascual

© 1991, de la edición española, Grupo Anaya, S. A.
Telémaco, 43. 28027 Madrid
I.S.B.N.: 84-207-4185-X
Depósito legal: M-5352-1991
Impreso por ORYMU, S. A. Ruiz de Alda, 1
Polígono de la Estación. PINTO (Madrid)
Impreso en España. Printed in Spain

Contenido

La modernidad de Velázquez

EN LA actualidad, Velázquez se ha convertido en un polo de atracción cultural. Si su fama en los siglos anteriores quedaba reducida a círculos elitistas de artistas y viajeros, hoy, tal y como han demostrado las exposiciones de Madrid y Nueva York, visitadas por cerca de un millón de personas, es el único pintor del siglo XVII que compite con los más prestigiosos artistas contemporáneos en popularidad. Esta seducción, entre otras causas, se debe a su prodigiosa técnica, al haber sabido penetrar en sus personajes y capacitarlos para establecer una intensa comunicación con el espectador; además, éstos se sitúan en complicados espacios que, sin embargo, resultan aparentemente sencillos. Conforme se fueron abriendo durante el siglo XIX las colecciones que celosamente guardaban las obras de Velázquez, su arte fue uno de los motores que impulsaron el desarrollo de la modernidad. Las colecciones de Madrid, Viena, Londres y, en menor medida, París, deslumbraron a artistas capitaneados por Manet.

Ya el gran pintor francés escribía a su colega Fantin-Latour, después de una visita al Prado, que todos los demás pintores parecen chapuceros comparados con él: «Es el pintor de los pintores.» Este prodigio fue el resultado de aunar su innata facilidad con el esfuerzo cotidiano. A su inmensa capacidad sensitiva suma la imbatible voluntad de perfeccionar sus conocimientos técnicos.

Hoy sabemos que Velázquez no era el genio distante. Tanto su personalidad como sus creaciones nos revelan una figura que sobresale por encima de los artistas contemporáneos, pero que no siempre se mantiene altivo e impasible. No se puede mitificar como a un dios a un ser plenamente humano. Ha de considerarse que Velázquez no era únicamente un pintor, sino también un funcionario al servicio del rey, lo que coartaba su libertad individual y su producción. Por ello, no es de extrañar que su catálogo no llegue a las ciento veinticinco obras, sobre todo si tenemos en cuenta su celoso afán para que cada una de sus pinturas fuera una obra maestra.

Los autorretratos no son frecuentes entre los pintores del Barroco español. Éste nos muestra, gracias a una reciente restauración, la indiscutible imagen de Velázquez.

1
Pintor de los pintores

EL ARTE de Velázquez se activa a partir de tres parámetros: su primera formación sevillana, el asentamiento en Madrid y los viajes italianos. Estas coordenadas marcan su vida y su producción. El seguimiento de su vida como artista nos habla de un pintor que recurre a modelos preestablecidos —ya sean pinturas y grabados, como estatuas clásicas— con una manipulación que nos recuerda el proceso artístico de Picasso: «Cuando copio una obra la destruyo.» Esta *imitatio* se diluye ante su poderosa creatividad, donde no se oculta su creciente intelectualización convirtiendo algunas de sus obras en alegorías, a tono con el carácter humanista de ciertas composiciones de la Italia del Renacimiento. Velázquez posee, como todo gran artista, una extraordinaria capacidad de asimilación pero, a diferencia de muchos de ellos, siempre ha ido más allá, lanzándose a la aventura de la superación y la maestría.

En Velázquez se ha aunado felizmente su talento para la inventiva y la técnica con las grandes oportunidades que le ha dado la vida, en especial su matrimonio con la hija de su maestro y su cargo como pintor del rey. No las ha desaprovechado. Como veremos, ello no sólo repercute en su vida, sino también en su producción. A pesar de este bienestar, Velázquez no es un pintor que se estanque; todo lo contrario: evoluciona. No podemos decir que se supera, sino que simplemente va siendo distinto. Ni siquiera en su madurez remite en maestría, algo que otros hacen al sentirse ya instalados en los medios cortesanos y con la seguridad del apoyo real. Incluso los continuos arrepentimientos en sus telas son indicio de su deseo de superación y de su capacidad por trabajar del natural. Esta inquietud le lleva a retomar telas comenzadas o ya elaboradas tiempo atrás, lo que nos desorienta desde el punto de vista cronológico.

El «savoir faire» de Velázquez se extiende a su vida privada: el arte le abre el camino, desde sus contactos elitistas sevillanos hasta los honores del ambiente palaciego. No se dormirá en los laureles de pintor habilidoso, sino que sus pretensiones como cortesano le llevarán denodadamente a ostentar un cargo importante en la vida burocrática de palacio, bien tolerada por el artista a tono con su elegancia y flema.

Velázquez no tuvo necesidad de heredar el taller de su suegro Pacheco. Si para conseguir el título de «maestro» hubo de ceñirse a las normas gremiales del momento, de larga tradición, lo suyo no era tener «tienda abierta», sino la práctica liberal del arte de la pintura. Se trata de un pintor que rompe moldes, partiendo de su capacidad para trabajar del natural. Incluso desde el punto de vista estilístico, prácticamente nada tiene que ver con su suegro. En su etapa sevillana, Velázquez pinta soberbias figuras, insistiendo en sus valores corpóreos y retratísticos, así como en el carácter realista de los objetos, aunque aún tiene mucho que indagar.

Madrid fue su meta y el motor del cambio en contacto con las colecciones reales. Su paleta se aclara y la pincelada se hace más fluida, alejándose de la amplia gama de ocres y de la pastosidad, que hoy tanto nos atrae. Velázquez debió adaptarse fácilmente a la vida de palacio, pues en el taller-academia de su suegro pudo contactar con los círculos ilustrados de la Sevilla de entonces e ir adquiriendo finos modales, tan necesarios en la etiqueta palaciega.

Bajo el impulso de mayores conocimientos y misiones ligadas a la figura de Felipe IV, siente la llamada de Italia. No se trata de una última meta, sino de nuevos puntos de partida. En las obras realizadas durante y después de su primer viaje se aprecia un giro en su trayectoria. Amparado en la protección de un cliente laico, Velázquez puede elaborar obras de temática profana, posibilidad no siempre admitida entre sus coetáneos. Sin embargo, no debió estar sujeto férreamente al rey,

dado que realizó buen número de obras por cuenta propia.

La imagen de Velázquez ante su caballete u organizando asuntos de palacio no debe ser la única. Su nutrida biblioteca nos obliga a tenerlo por un artista preocupado por todos los saberes, desde la Pintura, Arquitectura y Escultura hasta la Geometría y la Aritmética, pasando por la Anatomía, la Filosofía, la Poesía, la Historia, la Emblemática, la Mitología, la Cosmología, etc. Indudablemente, estos volúmenes, algunos de ellos posiblemente heredados de su suegro, le servirían como apoyatura a su arte y, cómo no, también para su placer como humanista. Ahora bien, no son pretexto para resaltar lo que realmente nos atrae: su obra, al tiempo que recordamos los versos que M. de Gallegos le dirigiera en vida:

«¡O, peregrina mano!
¡O, pinzel soberano!
¡O, maravilla rara!»

Juan Bautista Martínez del Mazo, yerno de Velázquez, realizó esta composición titulada La familia del pintor. Gracias a esta obra, podemos ver a Velázquez (al fondo) pintando en su estudio.

En la ciudad del Guadalquivir

Con el nombre de Diego Rodríguez de Silva y Velázquez es bautizado el 6 de junio de 1599, en la iglesia sevillana de San Pedro, el hijo de João y Jerónima, quienes se habían casado dos años antes en la capital andaluza. Los progenitores, al menos el padre, eran de origen portugués, de Oporto.

Velázquez firmaba generalmente en los documentos públicos utilizando en primer lugar el apellido paterno, según costumbre española; sin embargo, contaba para sus obras con el materno, al modo portugués.

El pintor sevillano, cuando se establece en la Corte y consigue el éxito, siente obsesión por demostrar la hidalguía de sus antepasados, como más tarde le ocurrirá a Goya y a otros artistas españoles. La «pureza de sangre» es exigible a todo cortesano: si los Velázquez, al parecer, fueron hidalgos, los Silva, como era habitual en la vecina región, tenían su sangre entremezclada.

Hacia 1578, Diego Rodríguez de Silva se instala en Sevilla. Por entonces el concepto de nacionalidad carecía de las limitaciones actuales, ya que dependía del soberano reinante; debido a

1

ello, Portugal estuvo ligada a la corona española hasta 1640. El traslado desde Portugal a Andalucía estaba normativizado, pues se trataba solamente de un viaje regional.

La atracción de Sevilla en estos instantes aún mantenía la vigencia de los años anteriores, en los que, debido al comercio americano, se había convertido en un emporio europeo, tanto comercial como cultural. Todavía, en 1603, Lope de Vega la piropeaba con estas elogiosas palabras: «Río de Sevilla, ¡qué bello eres¡ / Con galeras blancas y remos verdes.» También por esas fechas, Mateo Alemán encuentra allí «un olor de ciudad, un otro no sé qué, otras grandezas...» que no halla en Madrid.

Desde el año 1605, la ciudad del Guadalquivir va dejando paso a los puertos atlánticos, como Cádiz y Lisboa. Se impregna de la melancolía que produce el amargor de pensar en esplendores pasados.

Por el tiempo en que Velázquez se traslada a Madrid, la ciudad sevillana está «muy menoscabada y atenuada en los tratos y comercio, muchas casas cerradas y sin vecindad y otras caídas...», según relata un ilustre visitante.

Hoy en día podemos apreciar el aspecto de Sevilla en aquella época gracias a numerosos grabados y pinturas, entre los que cabe destacar una conocida obra anónima de fines del siglo XVI, conservada actualmente en el Museo de América de Madrid (1). En cuanto a Madrid, el conocido plano de Pedro de Teixeira (2) nos permite ver, asimismo, el caprichoso trazado de las calles de la ciudad en el siglo XVII.

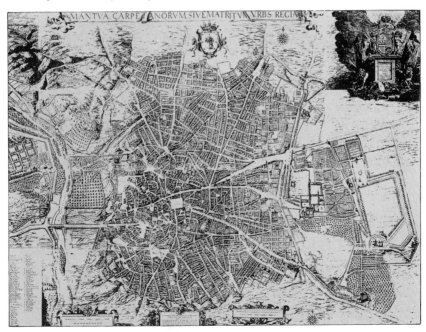

2

Formación e inicios

Velázquez forma parte de la generación producto de la crisis de 1600, es decir, de la tensión entre el Barroco y el Clasicismo, a la que también pertenecen, entre otros artistas, Van Dyck y Bernini. Es coetáneo de Calderón, con cuyas obras teatrales guardan ciertas concomitancias algunas de sus composiciones. Asimismo, tiene la suerte de haber nacido en una población cuyos ciudadanos la denominaban orgullosamente «la nueva Roma».

Al no disponer su familia de un abundante peculio, el padre del pintor decide que su hijo desarrolle su vocación dentro de un oficio que en la ciudad iba dejando de ser considerado artesanal para pasar al ámbito de las «artes liberales». En 1610, durante unos meses, inicia su aprendizaje con Francisco de Herrera «el Viejo», que, según el pintor y teórico del arte Acisclo Antonio Palomino (1653-1726), era un «hombre rígido y de poca piedad», puesto que llegaba a maltratar a sus alumnos y fue encarcelado por motivos fiscales. Sin embargo, brillaba dentro del ámbito pictórico sevillano, por lo que acertadamente Lope le denomina «Sol», mientras que a Pacheco le denomina «Estrella» *(Laurel de Apolo)*. Esta breve dependencia del arisco maestro, en cuyo obrador sólo molería colores y se iniciaría en el dibujo y en el colorido, le marcó en su trayectoria andaluza, fundamentalmente en la soltura de la pincelada.

El 1 de diciembre de 1610 ingresa como aprendiz en el taller de Pacheco, aunque no se tramita el contrato hasta septiembre del siguiente año. La entrada en este obrador es decisiva para su futuro, pues si bien el maestro carecía de la chispa genial de Herrera, su amplia mansión servía no sólo de lugar de aprendizaje de lo más granado de la juventud artística sevillana, sino de academia donde se discutía sobre las teorías artísticas y las actividades de la profesión, definida por Palomino como «cárcel dorada del Arte, academia, y escuela de los mayores ingenios de Sevilla». Allí se inició, como compañero de Velázquez, su amigo y competidor el granadino Alonso Cano. Velázquez le debe a Pacheco su precisión en el dibujo, pero también, y sobre todo, su interés y curiosidad por la historia de la pintura y otros amplios aspectos de la cultura.

Pacheco, ligado al círculo jesuítico sevillano, es ferviente inmaculadista. De este modo, efectúa numerosas versiones de la Concepción. En ellas, se mantiene dentro de una línea iconográfica popular derivada de estampas nórdicas. En cuanto a Velázquez, en su *Inmaculada* (1) sigue los patrones trazados por el maestro, lo mismo que hará en su Cristo. La pincelada restregada, muy disueltos los pigmentos, también tiene el origen en su suegro, al igual que en sus primeros retratos utiliza el mismo ángulo que en las obras de Pacheco. En su *Retrato de joven caballero* (2), del Museo del Prado, ha sido muy discutida la iconografía, pues parte de la crítica lo considera autorretrato mientras otra lo niega. Indiscutiblemente, sus facciones concuerdan con el retrato de *Las meninas*.

Muy pronto, el joven pintor tiene la suerte de entrar en contacto con un asiduo a las tertulias de Pacheco: Juan Martínez Montañés, el excelso escultor con quien colabora su maestro en la policromía de sus imágenes. Si Pacheco sigue firmando los encargos en torno a 1615, con toda probabilidad son los aprendices Velázquez y Cano los que se hacen cargo de estas labores. En el tono lígneo de rostros y manos y en los pliegues escultóricos de las telas de los primeros cuadros, junto con la rotundidad corpórea, además de alcanzar Velázquez su grado de «maestro» en 1617 como «pintor de imaginería», se avala esta hipótesis.

A fines del siglo XVIII, Palomino apunta que las obras de Luis Tristán le causaron a Velázquez gran admiración. Escasas —una o dos— pudo ver antes de su primer viaje a Madrid, pero su capacidad receptiva es tan potente que en la grumosidad de la pincelada y en el modelado de sus rostros, en torno a 1618, ya se percibe su impronta, afianzada en las versiones de Sor Jerónima de las Cuevas (1620). Su hiper-

sensibilidad estética hace que las «alergias», a las que es tan propenso, impregnen su estilo juvenil a través de las pinturas que llegaban a Sevilla desde Italia, las cuales, según Palomino, le daban gran aliento. Este autor le llama asimismo «el segundo Caravaggio». Es de considerar que llegó alguna copia del pintor lombardo, mas fueron pinturas de su entorno las que ayudaron a desarrollar el tenebrismo en Andalucía. No olvidemos que ya Pedro de Campaña había empleado en su producción los fuertes contrastes entre las luces y las sombras. Y obras claroscuristas del círculo de los Bassano adornaron las paredes de algunos conventos hispalenses. Y de este ambiente surge también la preocupación lumínica del joven Velázquez, la cual hace emerger a sus personajes y objetos de las sombras; como apunta Alfonso Pérez Sánchez, «les confiere intensidad de primer plano cinematográfico».

1

2

La pintura de género

Las fuentes literarias del momento alaban la impresionante capacidad de Velázquez para trabajar del natural, es decir, para tomar la naturaleza directamente como modelo. Como todo gran pintor es un «voyeur» que ojea indiscretamente la realidad que le rodea, valorizando la cotidianidad por humilde que sea. Esa búsqueda de lo auténtico queda certificada por su suegro cuando indica que el joven artista recreaba una y otra vez a un muchacho «en diversas actitudes y posturas, ya sollozando, ya riendo, sin perdonar dificultad alguna». Desgraciadamente, estos dibujos a lápiz sobre papel azul con toques de albayalde, que demuestran sus esfuerzos para captar la realidad, se han perdido. Ellos serían la base para trabajar su facultad en la improvisación, que le hace más tarde atacar directamente el lienzo, «alla prima», sin dibujo previo, retocando posteriormente con veladuras, en lugar de planificar la composición. Esta técnica permite aparentar que sus obras, donde abundan los continuos arrepentimientos, están inacabadas. Además, raramente las firma. De este modo surgen misteriosas cartelas destinadas a estampar su nombre y la fecha, pero que quedan en blanco.

En 1618, por primera vez fecha una obra: la *Vieja friendo huevos* (Edimburgo, National Gallery of Scotland), admirable creación juvenil donde Velázquez ya nos muestra su preocupación por los objetos y sus inquietudes compositivas, aunque todavía exista cierto desorden y confusión semántica en la disposición de los diversos elementos que surgen en la composición (3).

Deben ser de época anterior otras pinturas menos logradas, como los Tres músicos (Berlín, Staatliche Museen y Filipinas, ant. col. Marcos), *Dos jóvenes comiendo* (2) (Londres, Wellington Museum) y *La Mulata* (Museo de Dublín). Este género bodegonístico era en gran parte despreciado. Se le tenía por un género de escasa nobleza si se le compara con la pintura religiosa, histórica o mitológica. El conservador Pacheco sale en defensa de Velázquez objetando: «... ¿Los bodegones no deben estimar? Claro está que sí, si están pintados como mi yerno los pinta...»

En la *Vieja friendo huevos*, (1, detalle), los objetos comienzan a tomar vida gracias a sus calidades: la aspereza del barro, la dulce textura de la cerámica vidriada, el relumbrar y estallido metálico de los cobres, la nerviosa sombra del cuchillo, el sutil destello del vidrio, el sordo brillo de la clara de los huevos... Todos ellos casi llegan más allá de lo visual.

1

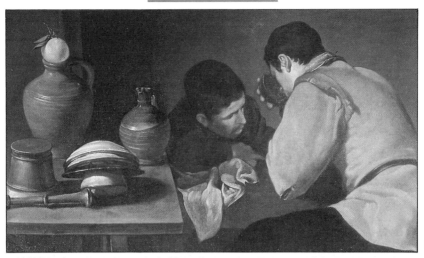

2

3

El aguador de Sevilla

Bodegones con figuras, escenas de género o de vida cotidiana o cocinas son las denominaciones que han recibido las obras de Velázquez en las que se representan figuras junto a utensilios de cocina y alimentos. Descartando los ejemplos de Caravaggio, el pintor sevillano tomaría como paradigma especialmente cuadros y grabados flamencos, sobre todo obras de Beuckelaer y Aertsen; está confirmada la existencia de ejemplares del primero. Mas, al contrario de la exuberancia flamenca, Velázquez opta por la sencillez de una realidad cotidiana, interesado por el valor plástico de las cosas y la captación psicológica de los personajes.

Un par de años después lleva a cabo el *Aguador de Sevilla* (3) (Londres, Wellington Museum), donde logra una sorprendente perfección, pues ya los objetos no son inanimados, sino que toman vida propia (1 y 2): la humedad rezuma del barro permeable del cántaro brotando cual cristalinas lágrimas gotas de agua; esta enorme vasija absorbe y a su vez transmite la luz al resbalar por sus estrías. Si aquí el barro es áspero, en la jarra que cierra una diagonal palpamos el vigoroso modelado que le imprimió el artesano, sobre la que reposa un filtro de delicado vidriado, contraponiendo sus texturas al fino cristal de la copa con agua.

Se han dado diversas lecturas simbólicas ante este tipo de obras. Así, la interpretación más audaz y certera sería la que considera al anciano como imagen de la experiencia que tiende la fuente del conocimiento al joven.

1

2

3

El bodegón «a lo divino»

Con este término denominaba Orozco Díaz la primera producción religiosa de Velázquez en donde el tema sacro, lo mismo que en obras de su colega Zurbarán, estaba envuelto por un ambiente tan familiar como en cualquier hogar de un menestral andaluz. Han llegado hasta nosotros dos obras de este tipo: la *Cena de Emaús*, conocida como *La Mulata* (1) y *Cristo en casa de Marta y María* (2) (Londres, National Gallery). En ambos cuadros el tema principal se ubica en un espacio al parecer secundario, común en ciertas organizaciones compositivas del Renacimiento, pero, al igual que en obras flamencas (Aertsen) y venecianas (Tintoretto), la intensidad lumínica da categoría primordial a lo que aparenta ser marginal. En primer término surgen estrictamente ordenadas las formas inanimadas del bodegón al que acompañan figuras individualizadas. La separación entre el primer y segundo plano se instrumentaliza por medio de una ventana con amplio alféizar, tal como era común en las casas populares andaluzas, ya que a través de ésta se pasaban alimentos desde la cocina al comedor. Se llegó a pensar, absurdamente, que se trataba de un espejo. Los personajes femeninos de estas pinturas están tan íntimamente comunicados con los objetos y las viandas, que ha obligado a recordar la conocida frase de Santa Teresa: «También entre los pucheros anda el Señor.» La fusión del tema sacro con el profano estaba normativizada en el teatro contemporáneo.

La Mulata, en cuyo fondo aparece Cristo con dos de sus discípulos, todavía muestra cierta torpeza ejecutiva si la comparamos con el segundo cuadro, en que Jesús dirige la palabra a la ensimismada María mientras en primer plano la hacendosa Marta inicia la preparación de la comida. Su rostro nos

1

golpea directamente: esta ruda mujer —es posible que tomara como modelo a una criada— expresa en su cara cierto aire de contrariedad y de tristeza, tal vez de contenida envidia, al ver que su hermana holga mientras ella trabaja. Resulta probable que Velázquez advierta aquí sobre la trascendencia de la Palabra de Cristo. En los dos lienzos, siguiendo la sistemática del «cuadro dentro del cuadro», se expresa la dualidad de la vida cristiana: «Ora et labora.»

Ya en las proximidades de su primer viaje a Madrid (1622) debe elaborar su rotunda *Cena de Emaús* (Nueva York, Metropolitan Museum), en la que la repercusión de las imágenes de Montañés está presente. Antecedente compositivo es el *Almuerzo* de Leningrado.

Ya en estas naturalezas inertes con figuras, los objetos son humanizados y los hombres materializados en calderonianos faranduleros del «gran teatro del mundo». Su «infalibilidad de lince»,

como ha afirmado Longhi, se aparta del simple naturalismo y se adentra en un mundo personal en el que impera la terrible naturalidad que sólo cultivan, a lo largo de la historia artística, algunos escogidos.

Velázquez adquiere la «facultad de sorprender el momento más icástico de la apariencia natural, no previsto o codificado en un canon de dignidad rítmica o plástica... inflamada de pronto entre la luz y la materia de las cosas, entre las cuales, por azar, está también el hombre». Indudablemente, el concepto, el *logos*, humanista del Renacimiento ha desaparecido, siendo sustituidos los seres espirituales por hombres de carne y hueso rodeados de cosas aprehensibles. Si el origen de estas composiciones es manierista y su iluminación tenebrista, su concepto es esencialmente nuevo, ya que en estos cuadros la diafanidad se materializa en cada vez más complejas escenografías barrocas.

2

El ambiente familiar y los retratos sevillanos

Siguiendo antiguas tradiciones gremiales, aunque no sabemos si también intervino el amor, en 1618 Velázquez se casa con la hija de su maestro, Juana. Entre la fecha del compromiso matrimonial y la boda debió llevar a cabo la *Inmaculada,* que formó pareja con el *San Juan Evangelista en Patmos,* de la National Gallery de Londres (3). Fue Allende-Salazar quien percibió en su rostro los rasgos de la hija de Pacheco que, ya madre, se detectan en la Virgen de la *Adoración de los Magos,* del Museo del Prado (1 y 2).

Vuelven a surgir los modelos familiares en la citada *Adoración:* además de Juana, en calidad de rey adorante se autorretrata en primer término el propio artista, a quien acompaña la fi-gura de su suegro. Aún los paños de los personajes, formando amplios y gruesos pliegues, poseen un modelado escultórico. El claroscurismo le aproxima a obras de Tristán, mientras las diagonales que vitalizan la composición proceden del tardomanierismo sevillano. Esta *Adoración* corrobora la intuición de Bürger: Velázquez es un mago que evoca una serie de apariciones al unísono. De este modo, si para algunos la totalidad de los personajes son reales, para otros no. Desde ahora, la iconografía velazqueña tendrá un carácter multifacial; esconde y muestra, como en una mascarada, rostros, motivos y sensaciones convirtiendo lo verdadero en enigma y lo indescifrable en natural.

En sus primeras producciones, Velázquez había utilizado el retrato como medio. Indudablemente, como confir-

1

ma Pacheco y Jusepe Martínez, había contado con modelos reales. Uno de sus primeros retratos independientes es un *Busto de hombre,* del Museo del Prado (4), identificado por una parte de la crítica como Francisco Pacheco, ateniéndonos a su rostro en la *Epifanía.* Su cara esculpida y cobriza obligan a fecharlo en torno a 1620. En este año efectúa la memorable efigie de la *Madre Jerónima de la Fuente,* de la que existen dos versiones, una en el Museo del Prado (5) y otra perteneciente a una colección privada. Muestra un enérgico carácter esta mujer de sesenta y seis años que se disponía a embarcar hacia Filipinas para fundar un monasterio. Emocionadamente, Velázquez nos lega su fortaleza y magnetismo espiritual a través de su severa expresión y profunda mirada, según Julián Gallego representada cual «vanitas» vestida.

4

3

5

La religiosidad como práctica

Si como artista Velázquez llega a ser el pintor más brillante de su siglo, como hombre, y según las escasas referencias que tenemos, muestra una vida nada fuera de lo común: sólo una precisa y organizada ambición, que le lleva a escalar los más codiciados puestos cortesanos a los que un hidalgo medio podría llegar a aspirar al amparo de un soberano. Su meta desde muy joven es el logro de la fama y la gloria. Era un cristiano cumplidor, y si bien su producción religiosa resulta más bien escasa en comparación con la de Ribalta o Zurbarán, hay que tener en consideración que sus funciones como pintor de cámara le obligaban al cultivo de los géneros retratístico, histórico y mitológico.

Por ello, la pintura sacra se desarrolla más intensamente en el marco de su primera producción.

Hoy restan algunas figuras de *Apóstoles* que debieron de formar dos series. Una de ellas es un Apostolado cuya figura más trascendente la constituye el *Santo Tomás* del Museo de Orleans (1). El *San Pablo* del Museu d'Art de Catalunya (3), hacia 1622, hay que emparejarlo con la cabeza recortada de un *San Pedro* (2), cuya autenticidad ha quedado confirmada después de su reciente limpieza.

En la pintura religiosa repite esquemas tradicionales, más que por falta de imaginación, como se ha insistido frecuentemente, por su deseo de contentar a la jerarquía eclesiástica sevillana. Los valores táctiles acentuados por la atmósfera misteriosa y verídica que le rodea libran a estos *Apóstoles* de la trivialidad.

3

El entorno sevillano

El importante foco pictórico sevillano de los comienzos del siglo XVII se caracteriza por el sentido de independencia de sus componentes. No existe una personalidad dominante, sino que tres artistas intentan acaparar la gloria y clientela: Francisco Pacheco, Francisco de Herrera «el Viejo» y Juan de Roelas. Este último, viajero por Castilla e Italia, trae las formas cortesanas reformadas a la ciudad del Betis. Son Velázquez y sus compañeros en el taller de Pacheco —Francisco de Zurbarán y Alonso Cano— quienes, entre 1620 y 1625, unificarán formas estilísticas. Ambos, esporádicamente, visitarán Madrid. Zurbarán seguirá cultivando el modo volumétrico durante gran parte de su vida, como puede apreciarse en este *Bodegón* del Museo del Prado (3) y también en su conocido lienzo *San Hugo visitando el refectorio* (4). Por el contrario, Cano, a quien pertenece este *Milagro del pozo* (2), del Museo del Prado, se dedicará especialmente a la escultura, pero en pintura llegará, en Granada, incluso a formas más vaporosas que Velázquez. A su vez, en su producción escultórica romperá con el clasicismo mesurado del genial Montañés, a quien pertenece esta famosa *Inmaculada Concepción*, más conocida como «La Cieguecita» (1), de la catedral de Sevilla.

2

3

4

2

La Corte como meta

A AMBICIÓN profesional de Velázquez le lleva, en 1622, a trasladarse a Madrid acompañado, como pintor y caballero, por su discípulo Diego de Melgar. A través de las recomendaciones de Pacheco, intenta pintar al joven rey Felipe IV, lo que no logra, pero sí lleva a cabo el retrato del gran poeta cordobés *Luis de Góngora*, cuyo único original es el conservado en el Museo de Boston (1). El prestigio de esta efigie queda demostrado por sus diversas copias, como la que se conserva en el Museo del Prado. En pocas ocasiones ha penetrado un pintor más profundamente en la interioridad de un personaje: el orgullo, las desilusiones, más, sobre todo, la envidia que corroe el espíritu y dinamiza la producción de tantos genios, se detecta en la amargura de su rostro.

Resulta decisivo para la formación de su estilo la visita a las colecciones reales, especialmente las escurialenses. Es sobre todo don Juan de Fonseca, ilustre clérigo sevillano que, en 1622, ejercía el cargo de Sumiller de cortina en la Capilla real, quien le introduce en los ámbitos palaciegos. Se trataba de un buen amigo de Pacheco y fue el primer propietario del *Aguador*. Mas sus esfuerzos por abrirse camino no fructificaron en la medida que él esperaba. Por tanto, regresa a Sevilla a la espera de una nueva oportunidad. El encuentro con El Greco, posiblemente en Toledo, se hace patente en la Imposición de la casulla a San Ildefonso, expuesto en el Museo de Bellas Artes de Sevilla, de estirpe iconográfica toledana cuyas figuras (para las principales debió de acudir a modelos reales) se espiritualizan de modo inusual en el pintor.

Mas su admiración no sólo se dirige hacia Domenico Theotocopoulos. En su detenida visita a El Escorial y en los apresurados recorridos por los palacios reales, llamarán su atención especialmente las obras de Tiziano, Veronés y los Bassano, sin descartar las recién llegadas del opulento pintor flamenco Rubens, a quien pronto conocerá. Nuevos estilemas surgirán en sus cuadros. Su paleta comienza a dejar su entonación parda para pasar progresivamente a mayor coloración, matizada por grises y negros. El desprecio hacia los pintores del rey, Carducho y Cajés, le hace obtener la peligrosa animadversión del primero.

1

Velázquez, pintor del rey

Como han hecho los reyes franceses en París, la monarquía absoluta de los Austrias no sólo ha impuesto su capitalidad en Madrid, sino que la ha convertido en el centro tentacular de todas las actividades culturales. Todo pintor que se precie desea desarrollar su profesión y triunfar en la Villa y Corte y, a ser posible, en el ámbito palaciego. Cuando en el verano de 1623 se establece en Madrid, Velázquez tiene la suerte de no contar con enérgicos competidores.

El retorno a Madrid lo hace el pintor pisando con mayor aplomo. En los últimos días de 1622 había expirado Rodrigo de Villandrando, uno de los pintores del rey. Al quedar vacante el cargo, testifica Pacheco que Fonseca reclamó la presencia de Velázquez ateniéndose a una petición del conde-duque de Olivares. El prócer andaluz había formado en su entorno un círculo de escritores y artistas para los que lograba prebendas en la Corte. Como ha estudiado Domínguez Ortiz, la «conexión sevillana» se mantenía fiel alrededor del conde-duque, especie de guardia pretoriana intelectual formada por hombres agradecidos y fieles.

El valido había concedido cincuenta ducados para el viaje de Velázquez. Esta vez llega a Madrid acompañado de su suegro y de su criado y discípulo, el mulato Juan de Pareja. La protección del poderoso Olivares hace que por fin el soberano Felipe IV pose ante él (1); esta figura, conservada en el Museo del Prado, se halla bajo otra anterior, como veremos. Poco después pintaría al *Infante Don Carlos* (2), del Museo del Prado. El infante, hermano del rey, está retratado de un modo semejante, es decir, al gusto tardomanierista: alargado y con las piernas en forma de compás. En octubre de 1623 es nombrado «pintor del rey». Inmediatamente se establece con su familia en Madrid. Su triunfo, basado en su inmensa capacidad retratística, produce la envidia de muchos de los artistas cortesanos, tachándosele de que «no sabía hacer sino una cabeza», según recoge Jusepe Martínez, quien sale en su defensa. Así Carducho le ataca indirectamente al decir que «los grandes y los eminentes pintores no fueron retratadores».

1

2

Olivares, «el valido»

Gaspar de Guzmán, conde-duque de Olivares, es efigiado por el ya afianzado artista en el cuadro del Museo de São Paulo (1).

Presenta bordada en su jubón la enseña de la Orden de Calatrava, mientras que de una cadena de oro cuelgan las espuelas de Caballerizo mayor y en el cinto destaca, no sin disimulo, la llave de Camarero mayor. Posiblemente destinados a entidades oficiales, poco después Velázquez, ayudado por su colaborador Pareja, elabora sendos retratos del conde-duque llevando en la mano la fusta de Caballerizo, como aparece en un lienzo de la Hispania Society of America de Nueva York, en los que su voluminosidad aparece ladeada disimulando su corpulencia y baja estatura.

Estos aditamientos no son gratuitos, sino que poseen un sentido emblemático, una especie de lenguaje conocido por cortesanos y eruditos. Ellos denotan el poder del retratado y confirman su importancia. Velázquez, por influencia de los retratistas cortesanos europeos y especialmente de Moro y Sánchez Coello, busca el distanciamiento del personaje y, al colocarlo más allá de nuestro espacio físico y sobre un fondo impreciso, lo convierte casi en un icono.

Probablemente, la más simpática figura del momento corresponde a la del Infante Don Carlos, hermano del rey, pues es el único retrato en el cual el personaje esboza una sonrisa, si bien se encuentra frenada por la melancolía cortesana.

Es imposible que Velázquez, entre 1624 y 1627, llevara a cabo una producción tan corta como la catalogada hasta la actualidad. Los inventarios recogen obras no localizadas hasta ahora. Así, una *Cabeza de gallega* estuvo en la exquisita colección del conde de Carpio, y tal vez se trate de la hoy exenta, pero con vestiduras repintadas, que se conserva en el madrileño Museo Lázaro Galdiano.

Por otra parte, el *Retrato de dama* recientemente sustraído del madrileño Palacio de Oriente, aunque conservado en pésimas condiciones también debe corresponder a su mano, pues mantiene la idiosincrasia velazqueña.

Iniciación en el mito: El Triunfo de Baco

Desaparecida su primera gran composición –la *Expulsión de los moriscos,* que había sido efectuada en 1627 después de un concurso en el que intervinieron los principales pintores palaciegos– conocemos cómo Velázquez desarrolla la pintura de figuras gracias al *Triunfo de Baco* del Museo del Prado (1), cuya ejecución acometería posiblemente aconsejado por Rubens, que había llegado por segunda vez a España. Se trata de su primera composición mitológica y se cita en 1665 en el inventario de sus bienes, con el título de «una historia de Baco coronando a sus cofrades». Posteriormente, en los inventarios palaciegos ya se recoge bajo «Triunfo del dios Baco», y más adelante, ya en el siglo XVIII, en una carta Mengs habla del «fingido Baco que corona a algunos borrachos», título éste («Los Borrachos») con el que hoy generalmente se le conoce.

A pesar del carácter burlesco que buena parte de la crítica ha querido ver en la obra, en ella ni Baco ni los iniciados pierden su compostura. Casi con toda seguridad el pintor ha tomado como punto de partida para el desarrollo del tema la *Filosofía Secreta* del mitógrafo Pérez de Moya: Baco es el dios que lleva la alegría a los desamparados a través del vino.

En toda su producción mitológica el pintor andaluz seguirá la pauta aquí trazada. Sus personajes son hombres, no dioses, siguiendo su preocupación por buscar la instantánea de lo cotidiano penetrando en la realidad.

1

Velázquez y la inspiración ajena

Como han apuntado ciertos estudiosos, Velázquez, a pesar de su poder creativo, no dudó a lo largo de su carrera en manipular composiciones hechas por otros artistas. El material gráfico no es una excepción. Sin embargo, a diferencia de otros pintores, no copia servilmente, y a menudo todo queda en coincidencias y/o hipotéticos encuentros, como su Baco (3) y el de Caravaggio (1), tan próximos en su tratamiento.

Como inspiración para la composición y la temática de *Los borrachos* debe de haber utilizado un grabado de Jan Saenredam realizado en el año 1596 (2). Se han apreciado sus concomitancias compositivas con la *Epifanía;* según el historiador del arte Diego Angulo Íñiguez, los epígonos del dios muestran casi el mismo agradecimiento de los Magos y considera que los jóvenes de la izquierda (4) recuerdan a las muchachas tendidas en la *Bacanal* de Tiziano, del Museo del Prado (5), que Velázquez pudo conocer a través de un grabado.

Velázquez desvirtúa la perfecta sincronización entre la composición y el ambiente al adecuar la escena de interior a un exterior, a su retorno del primer viaje a Italia.

1

2

3

4

5

Análisis radiográficos

Los análisis radiográficos han venido a dilucidar no sólo el proceso creativo de Velázquez sino a redescubrir obras perdidas. De este modo, se ha descubierto debajo del Felipe IV de cuerpo entero y vestido de negro, del Museo del Prado, una ancha y juvenil figura con amplio rostro, piernas en forma de compás y sombrero en la mano en lugar de sobre la mesa donde reposa actualmente (2). Por estas características bien puede tratarse del primer retrato real. Velázquez, como tantas veces, transforma una de sus obras buscando la perfección. Indudablemente, el soberano no posó directamente para este retrato, sino que Velázquez partió de un estudio previo de su cabeza que los análisis radiográficos han dejado ver bajo el busto de *Felipe IV* con coraza del Museo del Prado (1 y 3) y que fue repintado hacia 1627.

1

2

3

3
La vendimia
italiana

N AGOSTO de 1629, posiblemente siguiendo los consejos dados por Rubens y con la intención de perfeccionar su arte, Velázquez embarca para Italia gracias al erario real, pues se le pagan los devengos como Ujier de Cámara, cargo que ostentaba desde dos años atrás.

Este viaje resulta decisivo para el posterior desarrollo de su carrera profesional. «A Roma por todo» era el lema de los artistas españoles desde el siglo XVI. Si bien la mayor parte de la estancia la dedica a Roma, hace también un recorrido por algunas ciudades italianas: Génova, donde desembarca, Venecia, Ferrara y Nápoles, donde iniciaría su regreso. Su llegada a Roma coincide con el desarrollo de una nueva fase del arte italiano, donde se funde el clasicismo y decorativismo. Evidentemente, las figuras dominantes son el escultor Bernini y el pintor francés Poussin. Mas en esta constelación brillan otras estrellas: Pietro de Cortona, Claudio de Lorena y Sacchi. No tenemos constancia de que entablara relación directa, en este viaje, con alguno de ellos, pero sí con sus patronos: los cardenales Barberini y Sacchetti, y especial-

mente con el coleccionista y mentor Cassiano del Pozzo, que ya habría conocido en Madrid.

En la vecina península «vendimia», según expresión de Palomino, todo el arte que le interesa. De este modo se dirige a Cento para visitar el taller de Guercino y analizar sus obras, algunas de las cuales ya había tenido ocasión de contemplar en las colecciones reales. Indudablemente, en la capital romana no sólo se limita a visitar iglesias y colecciones privadas, sino que se adentra en los más recónditos palacios, como el Farnesio, para lo que había llegado provisto de recomendaciones del Nuncio para las autoridades eclesiásticas y para los embajadores de la Corona.

Dos obras maestras realiza durante este período: la *Fragua de Vulcano*, del Museo del Prado (1), y *La túnica de José*, conservada en El Escorial, donde ya logra el perfecto equilibrio entre figuras y ambiente a través de un complejo trazado de diagonales que desde entonces marcarán sus composiciones. La captación del instante, fórmula ya utilizada por Rubens, es plasmada en ambas con una laxitud lejana. Los dos personajes principales son sorprendidos por ingratas noticias. En la *Fragua*, Apolo comunica a Vulcano, dios del fuego, el adulterio de su esposa Venus con Marte, dios de la guerra. Al modo calderoniano, se nos presenta sutilmente la escena del marido burlado; con gestos y miradas los personajes escenifican sus distintas reacciones. El origen temático de la descripción de este cuadro procede de Virgilio y Ovidio, de quien Velázquez poesía dos ediciones de las *Metamorfosis,* aunque no hay que olvidar que en el siglo XVII abundaron las exégesis tanto españolas como italianas del tema. El pintor pone en escena un conflicto moral: la tragedia del deshonor, como advierte Diego Angulo. El tema del esposo desengañado y su ardiente deseo de venganza es una constante en la historia de la literatura hispana. En la mirada acuosa de Vulcano se denota el dolor y la rabia. Su rostro, como dirá Palomino, está «tan descolorido y turbado que parece que no respira». Es posible que Velázquez se atuviera a una estrofa de los *Amores de Marte y Venus* (1604) de Juan de la Cueva, en la que se lee: «Oyendo a Febo estaba el dios Vulcano/(...)/ y todo se cubrió de un sudor frío:/quiso hablar, y aunque probó fue en vano/que el dolor poseía el señorío del corazón/ y el corazón ligaba la lengua, y casi muerto y mudo estaba». Sus ayudantes, los cíclopes, están profundamente humanizados. Apolo, representado con su característica belleza andrógina y rayos solares, eleva la mano en señal de alegato acusador.

La túnica de José

En *Jacob recibiendo la túnica de José* (1 y 2) los hermanos del personaje bíblico muestran su ropaje ensangrentado, balbuceantes ante el padre, quien, dolorido, gesticula llegando su rostro a adquirir rictus expresionistas. También, como en el teatro hispano contemporáneo, dos criados a contraluz intentan contener su risa ante la mentira, mientras un encantador perrito (2) ladra ante la falsedad.

Si en *La fragua de Vulcano* Velázquez por vez primera busca la perspectiva aérea situando la escenificación en un ambiente suavemente modelado por luces y sombras, donde los objetos tienen la importancia de sus primeras composiciones, en *La túnica*, en contacto con la pintura de Tintoretto, los personajes «di sotto in su» se distribuyen con un intenso sombreado sobre un enlosado que geometriza el espacio. Tan sólo Jacob, como los reyes judaicos de la Biblia de Lyon, destaca con su figura sobre una destellante alfombra. Su chispeante cromatismo contrasta, a través de una diagonal, con el plácido y azulado paisaje del fondo, donde por vez primera inicia Velázquez los paisajes que ambientarán los futuros retratos reales. Técnicamente, esta obra aún supera la anterior, por lo que suponemos que está realizada algún tiempo después, lo que afirmaría su veloz aprendizaje, como señala Pacheco.

En ambas composiciones percibimos la gran capacidad creadora basada sobre las arduas investigaciones del pintor español, siempre en continuo

1

aprendizaje. Todo lo que ha visto gustosamente lo ha deglutido y digerido: Miguel Ángel, Guercino, Reni, Lanfranco, Anibal Carracci, Caravaggio, Tiziano, Tintoretto, Veronés, Coreggio..., sin olvidar la estatuaria clásica, que analiza meticulosamente, como ha profundizado Enriqueta Harris.

Para la elaboración de *La fragua* y de *La túnica,* tiene especial consideración el gusto y la normativa que practicaban los componentes del academicismo romano-boloñés. Sobre todo en la tipología de los desnudos de esta última composición, existen concomitancias con los del Guercino, pues sus gestos grandilocuentes son digeridos por Velázquez; como ya hemos indicado, visitó al artista en Cento, su ciudad natal.

En *La túnica* y en *La fragua,* por primera vez un pintor español se enfrenta con el sentido plástico de los cuerpos varoniles, manifestando un dominio directo de la anatomía, aunque dentro de la pudicia aconsejada por su suegro. Probablemente, esta insistencia en el desnudo fue para asombrar a los escépticos italianos que criticaban la rareza de este género entre los españoles.

Sagazmente, el especialista Julián Gállego ha sugerido que más que la envidia, *La fragua* y *La túnica* expresan «el eterno tema velazqueño de la idea sobre el trabajo manual». Tolnay ya indicó que en la primera obra Apolo aludía a las nobles artes iluminando al artesanado representado por Vulcano y los cíclopes, mientras en la segunda la mentira de los hijos de Jacob estimula las acciones de ésta.

2

La villa Médicis

Según testimonia Pacheco, cuando llega a Roma, y gracias al cardenal Barberini, Velázquez se hospedó en el Vaticano, trasladándose en el verano a la villa Médicis, situada en una de las zonas más salubres y bellas de la urbe, pues desde sus ventanas se domina toda la grandeza de la Ciudad Eterna. Se trata de un lugar apto para el trabajo y el descanso, puesto que está rodeado de bellísimos jardines –muy cerca se extiende el gran pinar del Pincio–, y también para el estudio, pues en esos momentos allí se conservaban espléndidas colecciones de estatuaria antigua. Velázquez permaneció en este delicioso lugar más de dos meses hasta que enfermó de fiebres palúdicas, lo que le forzó a trasladarse a una dependencia de la Embajada española. Casi con toda seguridad, allí plasma las dos *Vistas* de la villa romana, conservadas en el Museo del Prado, y que sin duda

1

son los más bellos paisajes pintados por el artista.

La reciente limpieza de estos cuadritos y de *La túnica de José* han dejado aclarada su afinidad técnica con el fondo de la pintura escurialense, como apunta Julián Gállego. Esta hipótesis queda casi documentada, puesto que Jerónimo de Villanueva, protonotario de Aragón, compra al pintor en 1634 «cuatro paisitos» para el rey. Recientemente se ha sugerido que los tablones que cubren los huecos de la puerta serliana de uno de ellos debieron ser colocados con motivo de las obras llevadas a cabo entre 1648-1649; si fuera así, pensamos que no debían estar tan destartalados cuando al año siguiente llega Velázquez. Por ello deben corresponder a los trabajos de restauración documentados en 1626.

Velázquez siempre es sorpresivo: la ejecución de estas vistas parece tan avanzada que las acercan a los pre-impresionistas franceses. Se trata de paisajes independientes, no meros fondos de composiciones, que están entre los primeros «plein-air» de la historia de la pintura, separándose así de los paisajistas que en estos momentos trabajaban en Roma (Poussin, Lorena, Salvatore Rosa), quienes idealizaban la naturaleza.

En la vista del jardín de la villa Médicis conocida como «El Mediodía» (2) para diferenciarla de la otra, denominada «La Tarde» (1), se representa la loggia de Ariadna sobre la muralla Aureliana, escultura que semeja a la que Velázquez trae a España. Los personajes han sido añadidos posteriormente por el mismo pintor. La iluminación solar se filtra poéticamente entre el ramaje.

4
El retorno a España

A COMIENZOS del invierno de 1630, Velázquez se dirige a España pasando por Nápoles. Casi con seguridad visitaría al prestigioso Ribera, intercomunicando ideas y recetas de taller. Allí, según Pacheco, retrata a la hermana del rey, *María de Hungría,* que pudiera ser el original conservado en El Prado (3). A principios del año siguiente se encuentra ya en Madrid dedicado a sus tareas palatinas y artísticas. Encargos, y tal vez problemas personales, le llevan otra vez a cultivar la temática religiosa durante algún tiempo. Uno de los primeros cuadros que efectúa en estos momentos es el *Cristo Crucificado* (2) para el convento de Benedictinas de San Plácido, en Madrid, y que hoy se halla en el Museo del Prado. Existe una historia legendaria según la cual Felipe IV lo mandó realizar al pintor como «ex voto» de expiación de sus amores sacrílegos con una novicia. Nos cuesta un tanto aceptarla dada la serenidad de la imagen de un Cristo apolíneo, casi como el de Cellini de El Escorial. Es tan renacentista que, al contrario de la mayoría de los del barroco, de sus llagas apenas brota la sangre. Siguiendo los consejos de Pacheco lo representa reposando sus pies sobre un grueso madero en los que están clavados independientemente, como en la visión de Santa Brígida.

Poco después pintaría a *Cristo y el alma cristiana,* de la National Gallery de Londres (1). Se trata de la única obra en la que el artista sevillano se muestra en contacto con la mística. Tal como ha establecido Gutiérrez de Ceballos, la comunicación espiritual entre la figura infantil y Jesús atado a la columna se entabla a través de un rayo que parte del corazón de aquél en dirección al oído de Cristo; mientras tanto, el ángel de la guarda vigila y aconseja. En primer término surgen los instrumentos de la Pasión. El antecedente más directo de esta obra votiva se encuentra en una pintura de Roelas, mal conservada en la portería de las Descalzas Reales madrileñas. Llegaron hasta nosotros dos de los escasos dibujos preparatorios conocidos: uno en la Biblioteca Nacional de Madrid, el otro, destruido en la Guerra Civil, se conservaba en el Instituto Jovellanos de Gijón.

Estos testimonios gráficos y otros documentales son pruebas fehacientes

de que Velázquez preparaba y componía sus pinturas, en estos momentos, de un modo pausado y meticuloso. Esta organización del trabajo será modificada a partir de su segundo viaje a Italia, pues en sus últimos años ataca el lienzo directamente.

Muy ligada a la composición de *Cristo y el alma cristiana* está la de *Santo Tomás de Aquino reconfortado por los ángeles después de la tentación*, del Museo Diocesano de Orihuela (1). Esta obra, muy discutida antaño, después de una superficial limpieza efectuada en El Prado en 1953 y, sobre todo, al poder ser cotejada con la producción de Velázquez (1990), es imposible adscribirla a otro pintor que no sea el genio sevillano. Esta vez el éxtasis surge en la figura del fatigado

1

santo, después de rechazar las deshonestas propuestas de la cortesana enviada por su padre para que abandonara los hábitos. El espacio interior nos recuerda al de *La fragua de Vulcano*. Aún los dos infolios, la mesilla, los papeles y el tintero con su pluma nos hablan de los ambientes de sus bodegones sevillanos, mas, por el contrario, la espléndida chimenea manierista, con roleos en los que aparece un simio, símbolo de la lujuria, se apoya en poderosas garras de león.

Recientes investigaciones archivísticas han establecido que esta pintura fue donada al Colegio de Santo Domingo de Orihuela en 1633 por su protector y confesor del rey, Fray Antonio de Sotomayor.

Culmina esta segunda etapa en su producción de cuadros religiosos con el *San Antonio Abad y San Pablo Ermitaño* del Museo del Prado (2), efectuado al parecer para la ermita de San Pablo, situada en los jardines del Buen Retiro e inaugurada en el año 1633. Resulta casi seguro que debió de centrar su retablo, por lo que se puede aseverar que Velázquez lo pintó por aquella época, hecho confirmado por su venecianismo.

Pocas veces en la obra de Velázquez un cuadro está ejecutado como éste, con prisas, «alla prima».

En cuanto a *La coronación de la Virgen* (3), también del Museo del Prado, ha de datarse casi un decenio después, ya que su técnica y colorido está próxima al *Marte*. Aquí también parte de una estampa de Durero o, directamente, de la composición de El Greco, cuya técnica alada y tonos carminosos renueva prodigiosamente.

Esta es una de las pinturas más emotivas de Velázquez, ya que estuvo destinada a la piedad de la reina Isabel y fue realizada por el pintor para presidir su oratorio.

2

3

El Salón de Reinos y la Rendición de Breda

En el suntuoso pero destartalado Palacio del Buen Retiro brillaba el salón llamado «de Reinos». No se habían escatimado los gastos para que el lugar, destinado primeramente a espectáculos cortesanos y después a salón de trono, pudiera competir con los más afamados homónimos en Europa. En él había que glorificar las virtudes del príncipe católico y exaltar las glorias de su monarquía.

A lo largo de 1634 y de los primeros meses del siguiente año, artistas especializados en labores decorativas prepararon el recinto para recibir el conjunto más deslumbrante de la pintura profana española del momento, configurado por una serie de lienzos dispuestos en sus muros. Entre los principales pintores destacaban Maino, Zurbarán, Carducho, Cajés y Pereda.

A lo largo de las paredes se relataron acontecimientos bélicos en los que las últimas victorias españolas recordaban al espectador que el Imperio aún seguía activo. Entrelazaban estos grandes lienzos los *Trabajos de Hércules,* de Zurbarán, dispuestos sobre las numerosas puertas que acentuaban el carácter de salón de la Virtud del Príncipe. Hércules, imagen del hombre virtuoso, está legendariamente vinculado a España y a su monarquía, estableciéndose un parangón con sus soberanos, en este caso con Felipe IV. Completaban la decoración varios *retratos ecuestres* de la familia real, imágenes del poder dinástico.

Perdida la *Expulsión de los moriscos,* realizada también para el salón regio de El Alcázar, Velázquez se enfrenta de nuevo con una gran composición en la que se personifica la defensa del régimen monárquico. El hecho plasmado es la *Rendición de la ciudad holandesa de Breda,* un gran lienzo conservado en el Museo del Prado (1). Si bien la reconquista de la ciudad tuvo lugar el 2 de junio de 1625, la entrega simbólica se desarrollaría tres días después. Pasarían nueve años hasta que el pintor reciba el encargo de inmortalizar el hecho: el genovés Ambrosio Spínola, general jefe de los Tercios de Flandes, recoge de manos del Gobernador de la plaza, Justino Nassau, las llaves de la ciudad.

Resulta prodigiosa la interpretación del paisaje holandés que Velázquez capta verazmente sin haberlo visto. Basándose en grabados y pinturas mediocres y descripciones literarias, logra uno de los más bellos «plein-air». El resultado final de la composición es una vertical abierta en el extremo izquierdo y cerrada por una curva ovalada en el derecho, común en otras composiciones del pintor. Su afán perfeccionista le lleva a efectuar numerosos arrepentimientos, logrando, hasta el momento, su cuadro más dinámico y álgido en cromatismo.

El intento de llevar a cabo una obra perfecta hace que Velázquez organice cuidadosamente la composición. Partiendo de la «Corcordia» de la conocida *Emblemata* de Alciato —puesto que ésta es la razón del cuadro— el pintor ha utilizado otras fuentes, como la viñeta con la representación de *Abraham y Melquisedec* de Bernard Salomon (2), que aparece en varias Biblias publicadas en Lyon desde 1553, el *Jesús y el centurión* del Veronés y el *Martirio de San Mauricio* de El Greco.

1

2

Retratos ecuestres

Desde la época romana la escultura ecuestre se convierte en símbolo del poder. En el Renacimiento se traspasa al plano pictórico, acentuando su carácter emblemático. Sobre todo en el siglo XVII, el caballo se convertirá en el trono en movimiento de los soberanos. En la serie velazquina, los personajes reales muestran sus habilidades de jinete, a tenor de la doma española. Sobre un corcel bayo, *Felipe IV,* vestido con media armadura de acero damasquinado, efectúa con gallardía la corveta (1). El lienzo se conserva en El Prado y en él podemos apreciar cómo el esfuerzo del caballo contrasta con la apostura del jinete.

El retrato de su hijo, *Baltasar Carlos,* también en el Museo del Prado (3), compite con el del padre en belleza. A pesar de la percepción de la realidad con que está elaborado y de su hermoso cromatismo, del rostro infantil emana una secreta tristeza ya a sus seis años, reflejo de su frágil salud y preludio de su próxima muerte. Anteriormente, en 1631, Velázquez le había retratado magistralmente acompañado de su enano, alegorizando los emblemas del malogrado futuro monarca: el sonajero correspondería al cetro, la manzana a la esfera terrestre, el sombrero a la corona, y en la mano el Principito porta, a modo de sustento, la bengala del general, mientras que con la otra empuña una pequeña espada.

Felipe IV quedaría admirado al contemplar su efigie cabalgando. Inmediatamente quiso verla plasmada en bronce, superando a la de su padre. Velázquez proporciona el modelo enviando a Florencia una réplica de taller, conservada hoy en la Galería Pitti. El escultor elegido fue Pietro Tacca. El gran broncista dirige los trabajos y el genial Galileo efectúa los cálculos a fin de que la mole se sostenga en sus patas traseras. Desde mediados de 1635 hasta principios del año siguiente, Montañés modela la cabeza regia de la que, según Marangoni, fue «la escultura ecuestre más hermosa del Barroco» (2).

1

2

3

Otros retratos ecuestres del Salón de Reinos

En el Salón de Reinos tenía gran preponderancia la colocación de los cinco retratos ecuestres de la familia real efectuados por Velázquez y ayudantes. Como podemos apreciar mediante las reconstrucciones de los muros, trazadas por Jonathan Brown, frente a frente se hallaban la pareja formada por *Felipe IV* y su esposa *Isabel de Borbón* (1) –sobre la puerta estaba el retrato del *Príncipe Baltasar Carlos*– y la de los padres del soberano reinante, *Felipe III* y *Margarita de Austria* (2), en donde la intervención del maestro fue insignificante.

Si no existen dudas sobre la autoría de Velázquez en los retratos de Felipe IV y Baltasar Carlos, la mayor parte de la crítica actual considera que intervino tan sólo en las carnaciones de los caballos y en los paisajes de los retratos ecuestres de *Isabel de Borbón* (3) y Felipe III. En ellos, los magistrales toques de Velázquez contrastan con los insípidos y aún vulgares de sus colaboradores. Aún más anodino se nos muestra el retrato de la *Reina Margarita,* donde las pinceladas de Velázquez escasean. Por esta razón no hay que descartar la vieja hipótesis de que gran parte de este retrato es debida al insignificante Bartolomé González. Es verosímil que el pintor sevillano aprovechara, debido a las prisas para terminar el Salón, el lienzo elaborado por González. Estas premuras le llevan a intensificar su sistema de trabajo efectuando más arrepentimientos de los usuales, en particular en el retrato de Felipe IV, aportando a esta obra una vitalidad y un dinamismo pocas veces conseguido en la historia de la pintura. La sucesiva multiplicación de patas en el caballo, como aseveró Gaya Nuño, lo convierten en un hipogrifo.

1

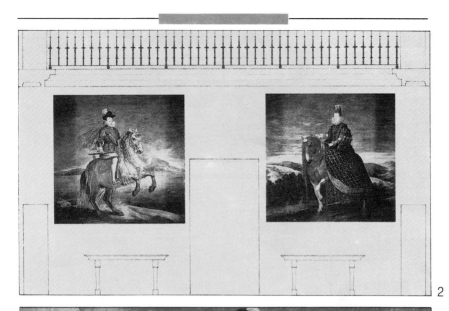

Escalada cortesana

Las labores pictóricas de Velázquez para los ámbitos palaciegos transcurren paralelamente a sus menesteres como servidor real. En 1634 recibe el nombramiento de «Ayuda de Guardarropa», transmitiendo su puesto de Ujier a su ayudante y yerno, Mazo.

Son numerosos los retratos del entorno real que Velázquez lleva a cabo desde 1632. En este mismo año pinta, para ser enviada a la Infanta María, esposa de Fernando de Habsburgo, una pareja de retratos de los reyes, conservándose un esplendoroso estudio de la cabeza de la reina Isabel de Borbón, de colección privada y hoy en el Museo de Viena. Con ello se inicia su fama europea.

1

Destinados a la Torre de la Parada pinta poco después, entre 1633 y 1636, tres retratos: *Felipe IV* (2), el *Príncipe Baltasar Carlos* (3) y el Cardenal Infante Don Fenando. Conservados todos ellos en el Museo del Prado, vemos a los personajes vestidos con ropa de caza y tienen como fondos los montes del El Pardo, donde estaba situado este pabellón cinegético, decorado con obras de Rubens y de su taller. Especialmente en el retrato del monarca se vislumbran arrepentimientos, mientras que, por el contrario, el retrato de su malogrado heredero está ejecutado «alla prima», con jugosidad.

Otra vez Velázquez hace alarde de su capacidad paisajística y se enfrenta gallardamente con la animalística en su sorpresiva *Cabeza de venado*, también del Museo del Prado (1). Al parecer, sus grandes astas fueron mutiladas. Los gruesos empastes obligan a fecharla hacia 1632.

2

3

El ámbito palaciego

El favor del conde-duque de Olivares continúa hasta su caída, en 1643. Su hermoso *Retrato ecuestre* del Museo del Prado (3), debió de ser realizado antes de 1635. Velázquez esconde sin omitir la escasa estatura y la chepa del personaje, colocándolo ladeado como cuando lo había retratado en sus primeros cuadros madrileños. Aquí Olivares es representado como si dirigiera la batalla de Fuenterrabía –donde fue vencido Condé– a pesar de que no estuvo en el frente, lo que convierte la obra en una alegoría. Lleva los mismos atributos que los retratos reales ecuestres y compite con ellos, si no los supera, en maestría. Se trata de un retrato de aparato tendente a dignificar el salón de su palacio, plasmando su poder como omnipotente valido. El jadeante caballo ante un Bidasoa ficticio, junto al cual se vislumbra el fragor de la batalla –tal y como ocurre en *Las lanzas*– alza sus manos temblorosamente en posición de corveta, emblema, según Alciato, del cortesano «que no sabe lisonjear».

Una reciente limpieza ha valorado el cromatismo del retrato del Conde de Benavente *Juan Francisco Pimentel,* del Museo del Prado (1). Su radiante técnica es paralela a la desplegada en el retrato del conde-duque; sin embargo, la personalidad no puede ser más antagónica, ya que aquí se recoge la hidalguía y nobleza del descendiente de un «castellano leal», quien prefirió incendiar su palacio toledano antes de que lo habitara el duque de Guisa, traidor a su nación.

Después de llevar a cabo, en 1634, un retrato del *Cardenal Borja,* cuyo

único resto, su mano y una cartela con la firma del pintor, ha sido sustraído del Palacio Real, Velázquez consigue ser nombrado «Ayuda de Cámara» y más tarde «Superintendente de Obras Reales», cargo que le confiere el cuidado de las colecciones regias. En junio acompaña a Felipe IV en su campaña militar contra los insubordinados catalanes, durante la cual efectúa en Fraga un retrato del monarca en rojo y plata, en lujoso traje de guerra, lienzo que conserva la Frick Collection de Nueva York (2). Unos diez años antes había ya pintado en marrones y plata el espléndido retrato de Felipe IV de la National Gallery de Londres.

A la vez que se convierte como retratista de la Corte en hombre de confianza real, Velázquez pierde a su querido maestro y suegro, al tiempo que muere la soberana. Los enemigos arrecian obligando al marqués de Malpica a lamentarse por la intervención de Velázquez en trabajos de ornamentación en el Palacio Real. A pesar de las poderosas envidias, el pintor consigue ir escalando posiciones en la Corte.

«Sabandijas» de palacio

De este modo se denominaban en los ambientes cortesanos a los enanos, bufones y locos que pululaban por el recinto palaciego. Junto con los músicos, contribuían a batir el tedio de la Corte. Desde el siglo XVI son representados frecuentemente acompañando a miembros de la familia real. Sus gracias y agudezas, en ocasiones rayando en la socarronería, les convertía en imprescindibles en banquetes y fiestas públicas. Los dos primeros «hombres de placer» están pintados por Velázquez en torno a 1633: *Pablo de Valladolid* (3) y el llamado *Barbarroja* (1), ambos del Museo del Prado. El primero está al servicio del rey desde 1632. Su figura muestra una nobleza inusual dentro de esta categoría. Velázquez lo representa en una actitud declamatoria que ha hecho pensar en aficiones teatrales, al parecer inexistentes. La aportación revolucionaria estriba en situar al personaje sobre un fondo neutro, de entonación ligeramente dorada, donde la figura adquiere corporeidad gracias a la ligera sombra de su cuerpo, que da consistencia a lo impreciso, solución retomada por Manet en *El pífano* (2), contribuyendo a abrir camino a la modernidad.

El bufón don Cristóbal de Castañeda y Pernia, *Barbarroja*, está vestido a la morisca como recordatorio del temido pirata. La admirable mancha roja de la túnica resulta inusual en la producción velazqueña. Seguramente su inacabado se debe a su deportación en 1634 por contestar con excesiva ligereza a la pregunta del rey sobre si había olivas en Valsaín: «Señor, ni olivas, ni *olivares*». Lo que hay son pinares.

1

2

3

Políptico de los monstruos

El tratadista Enrique Lafuente-Ferrari tituló acertadamente «políptico de los monstruos» los cuatro retratos de «hombres de placer» realizados en lienzos de formato semejante. También conocemos su identidad: *Juan de Calabazas*, mal llamado el «Bobo de Coria» (3), Diego de Acedo, llamado «El Primo», Francisco Lezcano, «El niño de Vallecas» y *Sebastián de Morra* (2). Esta última pieza, conservada junto a las otras en el Museo del Prado, tuvo un formato ovalado. Se trata de un enano del príncipe Baltasar Carlos, quien le donó armas en su testamento. Velázquez no se complace como otros pintores en el recreo de sus defectos físicos y su fealdad, sino que sus broncas y, en ciertos casos, deformes facciones, como en «El Niño de Vallecas», rebosan complejos aspectos psicológicos que mueven a nuestra compasión. Ahora bien, es de tener en consideración que algunos de estos personajillos fueron enriquecidos y aun ennoblecidos por sus protectores. Por su magistral tecnicismo, mediante el que simplifica aladamente las masas cromáticas de Tiziano, el llamado *Don Juan de Austria* (1) debe de fecharse después de 1640. Tenemos noticias de que entre los años 1624 y 1645 correteaba por las estancias de El Alcázar sin sueldo fijo. Velázquez, no sin cierta ironía, sitúa al fondo una batalla naval rememorando la de Lepanto y desparrama por los suelos adminúsculos de guerra. El crítico de arte José Camón Aznar certeramente lo define como el retrato más trágico de toda la producción de Velázquez y símbolo de la decadencia española.

1

2

3

Personajes de la Antigüedad

Para la Torre de la Parada Velázquez pinta dos personajes de la Antigüedad griega: *Esopo* (2) y *Menipo* (1), ambos en el Museo del Prado. Como recuerda Julián Gállego, Esopo alecciona a los humanos por su semejanza con los animales, mientras Menipo muestra su cinismo. ¿Cuál sería el papel del fabulista y del filósofo en un pabellón de caza y entre fábulas mitológicas?... Tal vez representaban su papel como comediantes, contraponiendo burlescamente, tal y como hacían los bufones, la sátira o la ironía a lo más solemne. Por ello, el pintor los ha tratado, como antes hacía Ribera con sus personajes, cual pintorescos mendigos, en un lugar destinado a la diversión real.

La admiración que Goya sentía hacia el pintor andaluz queda reflejada en una serie de grabados que realiza para difundir su producción, por entonces conservada celosamente en El Alcázar.

1

2

5

Nueva savia italiana

*U*N PRETEXTO oficial le proporciona a Velázquez la ocasión para realizar uno de sus más ardientes deseos: el retorno a Italia. Acompañado de su colaborador Juan de Pareja, en 1648 sale de Madrid con la embajada para recibir en la frontera austriaca a la archiduquesa Mariana de Austria, nueva esposa de Felipe IV. La comitiva embarca en Málaga y llega en febrero de 1649 a Génova. De allí pasa a Milán, donde, según Palomino, «vio todas las pinturas, y templos». En Venecia debió separse del embajador, el duque de Nájera, para llevar a cabo una de las misiones a él encomendada por su soberano, en calidad de «Superintendente» de las colecciones reales: la adquisición de obras de arte con destino a la remodelación de El Alcázar, destacando obras de sus admirados Tintoretto y Veronés, entre los que sobresalió su *Venus y Adonis*. En Bolonia conoce a los decoradores Colonia y Mitelli, quienes más tarde, gracias a su gestión, vendrán a decorar el techo del Salón de Reinos, junto a otras labores. En Parma analiza las cúpulas de la catedral y de la iglesia de San Giovanni, pintadas por Correggio, así como las pinturas de Parmigianino, cuyas desenfadadas técnicas marcarán su impronta al retornar a España.

Después de llegar a Roma tiene que trasladarse a Nápoles a fin de que el virrey le provea de amplios fondos para su subsistencia y la adquisición de obras, visitando a su admirado Ribera. En la Ciudad Eterna, a través del cardenal Pamphili, a quien había retratado, tiene acceso a la corte pontificia, posando para él algunos de sus más ilustres miembros.

En los primeros meses de 1650, su ayudante, el mulato *Juan de Pareja*, le sirve de modelo como ejercicio antes de enfrentarse con el retrato que había de hacer del papa Inocencio X. El resultado fue una obra admirable, de gran simplicidad compositiva y cromática, que se conserva en el Metropolitan Museum de Nueva York (1). Enrojeciendo la negritud del rostro de este «esclavo moro», al que su dueño manumitirá, envuelve esta mancha cromática en tonos oliváceos. La obra es presentada a los «virtuosos» del Panteón —un mes antes Velázquez había ingresado en esta cofradía—, exponiéndose con gran éxito el día de San José.

1

Retratos italianos

En la primavera, Velázquez inicia la preparación del retrato más bello del mundo, según el pintor Reynolds: el del *Papa Inocencio X*, que se conserva en la Galería Doria-Pamphili de Roma (1). Pausadamente, sin prisas, tomó apuntes y realizó el boceto de la cabeza, que a su vez fue copiado por Pareja. Lo mismo que en el *Pareja*, traslada el personaje hacia la izquierda del espectador dejando una zona de respeto abstractamente manchada por un prodigioso cortinaje rojizo. De este tono bordeado de oro es asimismo el severo sillón donde solemnemente se sienta el papa. En el solideo y la muceta los carmesís son aclarados con blancos formando aguas. El día que esta obra sea objeto de una cuidadosa limpieza refulgirán los tonos albos de la zona inferior. Culmina la pirámide compositiva la impresionante cabeza,

en la que un cansado rostro no deja de ocultar su viveza, expresada a través de una profunda y aguda mirada. El sudor del inicio estival hace brillar su piel semicubierta por un ralo vello. En la mano derecha del personaje, saliendo del cuadro, destaca el anillo, símbolo del papado, mientras que en la izquierda sostiene unas credenciales con dedicatoria firmada por el pintor de su Majestad Católica, lo que confirma su calidad de regalo de este retrato. Velázquez no admitió ningún pago, tan sólo permitió, como recuerdo, una medalla de Su Santidad colgando de una cadena de oro.

Antes del regreso, Velázquez de dirige a Módena para conseguir obras importantes, especialmente la delicada *Virgen con Niño* de Correggio, hoy en la Galería Estense. El pintor conocía al duque Francesco d'Este, pues durante su estancia en España, en el año 1639, había realizado su *Retrato*

1

2

(2), sólo comparable al de Bernini y que hoy se enfrentan en la pinacoteca de esta ciudad. Al parecer, fracasa en esta gestión, que compensa adquiriendo en Roma esculturas antiguas que restauran sus amigos escultores; además, ordena hacer muchos vaciados de estatuas famosas para ser colocadas en los salones de los sitios reales.

En estos dos años y medio de estancia italiana, Velázquez no se limita a cumplir las misiones encomendadas y a la contemplación estética. Sabemos, gracias a las investigaciones de Jennifer Montagu, que tuvo un hijo llamado Antonio; ello destruye la imagen del Velázquez inmutable y distante. Existe un admirable retrato en la colección Wallace de Londres en el que se representa a una *Dama con abanico* (3) con bellos ojos acuosos –bastaría un leve toque para que broten lágrimas– y que pudiera haber sido realizado durante este período, pues sus tonos y facturas recuerdan los del *Pareja*. Esta sugerencia parece confirmarse por el hecho de que a mediados de 1639 se publicó una Pragmática en la que se prohibía a las damas el velillo y el escote, sólo permisible a las rameras, y que aparecen en este retrato. La enigmática retratada lleva en sus manos enguantadas un rosario de oro y un abanico, con el que parece despedirse; un collar de cuentas de azabache y su velo negro pudieran indicar su condición de viudez, real o simbólica. No debemos descartar la posibilidad de que esta dama fuera el amor romano de Velázquez.

Otros dos importantes retratos de este momento son el llamado Barbero del Papa y el del *Cardenal Camillo Massimo* (4), mecenas de pintores y amigo personal de Velázquez. Estas pinturas, que aparentan sencillez, logran el prodigioso sintetismo del último Tiziano retratista.

4

Venus frente a un espejo

Esta *Venus y Cupido* de la National Gallery de Londres (1), más conocida como «La Venus del espejo», es sin duda una de las obras de Velázquez más problemáticas desde el punto de vista cronológico e iconográfico. Pita Andrade publicó el inventario de los bienes de Gaspar de Haro, fechado el 1 de junio de 1651, donde se describe con precisión esta joya pictórica. Ello obliga a fecharla antes de este viaje italiano o en su transcurso. Por sus calidades tan fluidamente ticianescas y por sus elementos iconográficos, nos inclinamos por la segunda hipótesis, por lo que estaría enviada al marqués de Eliche y del Carpio antes del regreso del pintor. Este aristócrata, sobrino-nieto del conde-duque de Olivares, llevaba una vida disoluta, mas su afición por las mujeres era compartida con las bellas obras de arte. Antes de la marcha de Velázquez debió sentirse atraído por su obra, pues poseía la *Cabeza de gallega* y copias efectuadas en su taller por su yerno Mazo. También fue suyo el *Geógrafo* del Museo de Bellas Artes de Rouen (2).

La elaboración italiana de la *Venus* se afirma por la prohibición que existía en España de representar desnudos femeninos, de cuyo cumplimiento se encargaba el Santo Oficio. Los teóricos recomendaban a los pintores velar por el decoro de las composiciones, huyendo de la deshonestidad de las figuras. Incluso se llega a criticar a los pintores que practican el desnudo, por buenos y famosos que sean, cuando realizan obras lascivas que incitan a la sensualidad. El propio Pacheco, quien teoriza contra la elaboración de este tipo de obras, fue uno de estos inspectores («veedor»), aconsejando lo si-

1

guiente a la hora de representar mujeres: «... del natural sacaría rostros y manos... de mujeres honestas, que a mi ver no tiene peligro, y para las demás partes me valdría de valientes pinturas, papeles de estampa y de mano, de modelos y estatuas antiguas y modernas, y de los excelentes perfiles de Alberto Durero». Sin embargo, los palacios principescos y de la alta aristocracia albergaban desnudos llevados a cabo por artistas extranjeros. Además, sabemos que Velázquez pintó, por lo menos, otra Venus también tendida, que siempre conservó, así como mitologías con la asistencia de *Adonis y Venus* y *Psiquis y Cupido,* donde con seguridad habría desnudos.

Los aspectos iconográficos y formales siguen confirmando la factura italiana de la *Venus del espejo.* Entre otros modelos debió tener presente el *Hermafrodita,* que no sólo vio en la

colección Borghese sino que hizo pasar a bronce, y la *Ariadna,* pintada por él en uno de sus paisajitos de la Villa Médicis. No olvidemos que una de sus misiones en su segundo viaje italiano fue la de adquirir pinturas originales, estatuas antiguas y vaciar algunas de las más célebres. En cualquier caso, existen grabados renacentistas con cuerpos desnudos de mujeres vistos de espalda.

El tema de Venus mirándose en el espejo (Bellini, Tiziano...) estaba normativizado en la pintura veneciana, pero Velázquez le da a su obra un carácter muy personal. De este modo, el cuerpo, como indica Lafuente-Ferrari, adquiere forma de guitarra. Su rostro se desdibuja intencionadamente en el espejo a fin de ocultar, como una máscara, su identidad; aún más, no corresponde su situación real a la dirección de la mirada. La teoría de que el espejo pueda simbolizar virtudes o vicios se esfuma al saber que se trata de un encargo por parte de un personaje dado al disfrute de la belleza femenina.

Sus esplendorosas tonalidades la confirman como una de las obras maestras del Barroco. Sobre una base azul descansa la masa rosácea de la joven. Una mancha blanca vertiginosamente pintada y un sutil velo verde de seda separa la figura del espejo, que se recorta, como en el *Inocencio X,* ante una cortina roja que acompaña el movimiento curvilíneo del desnudo. El único sentido claramente emblemático de esta obra es el cíngulo rosa que Cupido coloca sobre el marco del espejo: es un ceñidor, pero, al contrario del de castidad que hemos visto en las *Tentaciones del Santo Tomás,* éste alude a la pérdida de esta condición.

2

Figuras y jeroglíficos

Existe constancia de que en junio de 1651 Velázquez ha regresado a Madrid vía Génova-Barcelona. A su vez están llegando las obras de arte adquiridas por él en Italia. El pintor pronto se pondría a trabajar en labores que habían quedado sin terminar, así como en retratos y composiciones.

La primera obra conservada casi rigurosamente datada de este período es el retrato de la *Infanta Margarita* que se conserva en el Museo de Viena (2), hija de Felipe IV y Mariana de Austria y nacida al poco tiempo del regreso del pintor. Al representar la infanta unos tres años, el lienzo debe de haber sido realizado entre 1653 y 1654. Fue éste uno de los más bellos retratos de Velázquez; desgraciadamente, una reciente y drástica limpieza ha desvirtuado sus tonalidades.

Antes de que finalice el año 1652, Velázquez efectúa el elegante retrato de la reina *Mariana de Austria* en negro y plata, conservado en el Museo del Prado (1), tan lejano de los sobrios y tristes que pintó Carreño en su viudedad. Por estas mismas fechas realiza asimismo la preciosa cabeza de la infanta María Teresa.

En estos retratos de la familia real Velázquez nos ofrece un tipo de figura distante, dentro de la tradición de la retratística cortesana española. Una serie de elementos nos advierte de que están inmersas en espacios interiores, como la mesa de justicia y el aparatoso cortinaje, representación de la realeza, o el reloj, que está situado al lado de la soberana y que se ha de entender como un emblema ligado a la dinastía que perdura a pesar del paso del tiempo, gracias a los príncipes herederos.

1

2

Marte vencido

Una pintura de tema mitológico realizada al poco tiempo de su retorno de
Italia, ya que su ambientación cromática resulta muy semejante a la *Venus
de espejo*, es el *Marte* del Museo del
Prado (2). Se trata de una obra efectuada para decorar la Torre de la Parada, completando la pareja de *Esopo*
y *Menipo*. Mientras éstos quedarían en
los muros laterales, la figura de Marte
destacaría en el testero.

Al dios de la guerra se le representa desnudo, semicubiertas las caderas
con un paño azul y apoyado sobre un
lecho con desordenado ropaje. El rostro aparece ensombrecido por la vise-
ra de un yelmo nielado y recamado en
oro. Sus armas reposan en el suelo
mientras que su brazo derecho se sostiene en una gran bengala de general,
que más parece un cayado. El sentido
poco ortodoxo de la imagen de este
dios conecta con la pintura manierista
centroeuropea.

Velázquez usa como modelos la estatua romana del *Ares Ludovisi* (1), de
la que encargó un vaciado en su estancia italiana, y el *Pensieroso* de Miguel
Angel. El pintor andaluz representa a
Marte derrotado en el lecho amatorio.
Nos parece casi imposible que, como
se ha dicho, se haga alusión a la decadencia militar española. Lo cierto es
que, como señala Julián Gállego, el
dios está convertido en «personaje de
comedia de enredo».

1

2

La disputa de Minerva y Aracne

El cuadro más significativo de la pintura mitológica de Velázquez es el que, conservado hoy en el Museo del Prado, popularmente conocemos como *Las Hilanderas* (2).

En el inventario de los bienes del montero de cámara de Felipe IV, de 1664, al poco tiempo de ser realizado el cuadro, se le denomina la «Fábula de Aracne», tasada en una enorme cantidad para la época. La historia representada está tomada de *Las Metamorfosis* de Ovidio (VI): Minerva, inventora del telar, se considera la más importante tejedora del universo; su discípula, la joven y orgullosa Aracne, efectúa hermosos tejidos que causan admiración, olvidando el magisterio. Para aclarar la situación, la diosa le reta a competir con ella. Sus tapices superaron a los de Minerva; ésta, movida por la envidia y por haber cometido la joven Lidia una ofensa a los dioses, representando en sus tapices las aventuras amorosas de Júpiter, castiga su soberbia convirtiéndola en araña. En primer término se escenifica un telar, mientras que en el segundo aparece el castigo, teniendo como fondo el *Rapto de Europa*, uno de los tapices sacrílegos tejidos por Aracne. La interpretación más lógica dada al tema, cual «alegoría política», es la de José M.ª Azcárate en su texto «La alegoría de *Las Hilanderas*»: la rebelde Aracne está hilando acompañada de una mujer de edad que, según la *Iconología* de Ripa, simboliza la Obediencia política (en España existía una Junta de Obediencia) y el respeto debido al soberano. En el fondo aparece, cual jeroglífico, el castigo de los rebeldes; la viola de gamba alude a la Armonía restablecida por el Buen Gobierno, gracias al escar-

1

miento de los rebeldes simbolizado por la transformación de la joven en insecto, obligado para siempre a un continuo trabajo. Al no aparecer ningún personaje individualizado, el principal protagonista de este cuadro es el símbolo al servicio del Estado.

Diego Angulo notificó que las dos principales figuras están inspiradas en los desnudos masculinos de Miguel Angel que encuadran la Sibila Pérsica en la Capilla Sixtina (1), que Velázquez estudió directamente. Su admiración hacia Tiziano queda patente en el tapiz donde copia el cuadro por entonces conservado en el Alcázar madrileño. En este segundo recinto, iluminado más intensamente que el primero, culmina sus preocupaciones por acompasar la composición con un foco de iluminación al fondo, sistema ya iniciado en su etapa sevillana. Pudiera haber tenido presente la *Liberación de San Pedro* de Rafael, mas al encuadrar en este espacio radiante una obra del pintor veneciano, hace recordar la respuesta que Velázquez dio cuando en Italia le preguntaron por la pintura de Rafael, contestando que Tiziano era quien «porta la bandiera».

La franja superior de *Las Hilanderas* fue añadida en el siglo XVIII, con motivo de su restauración para paliar los daños sufridos en el incendio del Alcázar (1734). Con ella quedó alterado el equilibrio compositivo, adquiriendo un sentido goyesco. Resulta conveniente señalar que Goya intervino en las restauraciones de pinturas como pintor de Cámara.

2

La magia de la pincelada

Conforme Velázquez se adentra en la madurez, su capacidad de síntesis se aquilata. El cromatismo, como en el último Tiziano, también se acrisola. La luz tamiza sus rostros resbalando por sedas y peinados. Buen ejemplo de ello es el retrato de *María Teresa de España*, del Metropolitan Museum de Nueva York (1). El delicioso personaje había sido pintado por Velázquez dos veces antes, muy niña. Ahora, hacia 1651, es una jovencita casadera que pronto contraerá matrimonio con el Rey Sol. Está tocada con una amplia peluca ensortijada, como se usaba en el momento, ornamental —lo mismo que en Agustina Sarmiento en *Las Meninas* (2)— con mariposas imitadas en seda traslúcida, salvo una, la primera, disecada. Diminutos toques ayudan a envolver mágicamente esta cabeza, por desgracia fragmento de un lienzo. Sin embargo, cuando la magia de la luz en Velázquez se adentra en el misterio es en el espejo donde se refleja la *Venus* (3). Las formas se hacen etéreas, más que imprecisas, lo mismo que los reyes en *Las Meninas*. Velázquez, con el pincel humedecido con más trementina que pigmento, acaricia aleteando, más que pintando, las superficies.

1

2

3

1

2

Son escasísimos los dibujos de Velázquez que han llegado hasta nosotros. Sólo existe uno indudable: el estudio preparatorio para el perdido retrato del *Cardenal Borja*, conservado en la Academia de San Fernando de Madrid (1). Mas, este *unicum* basta para situar al pintor sevillano entre los más formidables dibujantes de todos los tiempos. Está elaborado con lápiz negro y con precisa simplicidad sintetiza los valores táctiles al resaltar las sombras y los volúmenes. Debe fecharse en su plenitud (c. 1645). Comparado con este dibujo, creemos que también es obra suya la cabeza de *Jovencita* que se conserva en la Biblioteca Nacional madrileña (3). Por su vivacidad ha de estar efectuada en torno a su instalación en Madrid.

Todos los demás dibujos que la crítica viene atribuyendo a Velázquez entran en el terreno de lo dubitativo, como este estudio del papa Inocencio X (2).

Tal como hemos señalado, en su etapa juvenil Velázquez practicó la técnica de dibujo asiduamente. Pasado el tiempo, ataca directamente el lienzo, haciendo frecuentes correcciones en busca de la perfección.

3

6

Las Meninas

EN el año 1656 Veláz-quez finaliza su obra cumbre. Diez años más tarde es inventariada en el Alcázar como «La familia». Nadie osó sustituir tal denominación hasta que Pedro de Madrazo, en 1843, la designó con un término más romántico: *Las Meninas* (1). El nuevo apelativo tuvo tan rotundo éxito que desde entonces así se le designa. Es de advertir que con el nombre portugués de «menina» (muchachita) se designaba en la Corte a las «doncellas de honor».

Su fama fue ascendente. Palomino indicó que, mientras existiera este lienzo, el nombre de Velázquez sería eterno. Teófilo Gauthier, asombrado por su espacialidad, preguntó: «Pero ¿dónde está el cuadro?». Esta «boutade» abre la problemática de su volumetría. No se trata aquí de un espacio neutro, ni siquiera pasivo, sino que su profundidad está determinada por la luz y por las íntimas conexiones de los personajes con el ambiente que les rodea, lo que crea la atmósfera poética de la perspectiva aérea, obligada por la carencia de enlosado.

La obra, conservada hoy en el Museo del Prado, está pintada en su estu-dio, situado en lo que habían sido las habitaciones del Príncipe Baltasar Carlos. Las paredes seguían cubiertas de cuadros. Éstos, sincopados por las manchas luminosas producidas por las ventanas, a la derecha, dan movilidad a la escenografía impulsando nuestra mirada hacia el fondo. Las figuras están dispuestas ateniéndose a las leyes de la «dorada proporción». El cuadro cobra un sentido de movimiento balanceante de afuera adentro y viceversa, impulsado por algunos elementos como la volumetría de los guardainfantes, la puerta del fondo –de la que entra un chorro lumínico– y el bastidor que sirve, cual pantalla refractaria, para absorber y dispersar la luz y proyectar nuestra mirada hacia el interior, creando una cuarta dimensión. Los principales personajes, que miran al espectador, acentúan esta tensión. Los propios reyes, que son los protagonistas semisecretos del cuadro, pues sólo sus vagas imágenes se reflejan en el espejo, se hallan situados en un lugar inconcreto, lo que acentúa el misterio, casi cosmológico, de *Las Meninas*.

Una reciente limpieza ha descubierto el opaco velo que lo cubría, desvelando su prodigiosa paleta.

1

Los personajes de «La Familia».

A primera vista, *Las Meninas* parecen un retrato colectivo holandés. La encantadora infanta penetra en el obrador del artista, siente sed, y la menina María Agustina Sarmiento le ofrece agua en un pucherito (3). Mientras Isabel de Velasco se inclina respetuosamente, en primer término un fiel perro recibe las impertinencias del enanito Pertusato, acompañado de la formidablemente fea Maribárbola (2). Tras ellos, la dueña María de Ulloa y el guardadamas. En los peldaños de la escalera vemos a José Nieto, aposentador como el mismo artista.

La figura de Diego de Velázquez (1, detalle; 3) cobra una extraordinaria importancia en la composición. Se alza sobre las demás en un extremo. En su mano derecha sostiene el pincel y en la izquierda la paleta que se nos muestra a la vez como instrumento de trabajo, cual escudo de armas. Velázquez, que en 1652 había adquirido el más alto cargo que podrá ostentar un servidor no noble de Palacio, ennoblece el oficio de pintor no sólo al autorretratarse, sino al representarse directa e indirectamente junto a la familia real. En esta acción pone al descubierto su formación humanista, sus conocimientos de la historia artística y, subrepticiamente, su ambición por ennoblecerse, lógica aspiración de todo pintor cortesano. No en vano, de su cintura cuelga una llave, atributo del aposentador de palacio, como una insignia más. El tema del parangón con Apeles está en la mente de Velázquez y en la de los intelectuales de su momento, actualizado por Tiziano y Rubens. De hecho, Velázquez contaba con la *Historia Natural* de Plinio. Ello le lleva a firmar su obra maestra como hizo el pintor griego en casa de su amigo Protógenes: lanza una línea —con el pincel seco— desde la puerta hasta la figura. En ésta, el rey hará colocar, tras su muerte, la cruz de la Orden de Santiago, no sólo ennobleciendo al pintor, sino al arte de la pintura.

3

7
Los
últimos años

MESES DESPUÉS de haber concluido *Las Meninas*, Velázquez intenta volver a Italia, donde ha dejado seres y cosas muy queridas. El rey, alegando su retraso en el anterior viaje, no le autoriza a llevar a cabo este anhelo. Por estos tiempos se dedica intensamente a las labores de arquitectura efímera y a la ornamentación de salones palaciegos. Así, bajo su dirección se llevan a cabo las decoraciones del Salón de los espejos, en el Alcázar, del Salón de Reinos, en el palacio del Buen Retiro, y de la sacristía, junto a otras dependencias, en el monasterio de El Escorial. Como señala Bonet, gracias a su influencia se introduce y triunfa en España «el nuevo fastuoso gusto barroco».

No por ello abandona su actividad pictórica. En 1659, para exornar el Salón de los espejos, elabora la fábula de Apolo desollando un sátiro y la de *Mercurio y Argos* (2), conservada en el Museo del Prado. Esta obra, perdida la primera, después de su espléndida restauración ha sustituido su tonalidad ocre agrisada —por lo que se la fechaba antes de 1634— por una radiante gama cromática, a la que acompaña una ejecución abocetada dentro del decorativismo de fin de siglo.

Mientras tanto, lucha por conseguir el título de Caballero de la Orden de Santiago. El Consejo de la Orden pone toda clase de obstáculos, ya que no quedaba clara la hidalguía de sus antepasados, a pesar de los numerosos testimonios a su favor. Por fin, gracias a una dispensa papal, en noviembre de 1659 es investido Caballero.

Felipe IV es representado envejecido por estos años en el retrato de la National Gallery de Londres (1). Expresa en su rostro su exquisita y dolorida sensibilidad, pero mitiga su honda y patética tristeza con el afamado sosiego de los Austrias.

El monarca había nacido en 1605 y su reinado transcurre entre 1621 y 1665; los avatares políticos y las derrotas de los tercios españoles ensombrecen sus últimos años. La boda de su hija María Teresa con el rey de Francia es un intento malogrado de frenar la descomposición del Imperio. Basta comparar este retrato con el casi idéntico conservado en El Prado, efectuado dos o tres años antes, para comprobar cómo la huella de la Historia ha transmutado sus facciones.

1

2

Ocaso radiante

Poco antes de su fallecimiento, Velázquez pintaría su más bello retrato infantil: el del enfermizo *príncipe Felipe Próspero*, del Kunsthistoriches Museum de Viena (2). Esta inborrable figura, vanamente protegida de los maleficios por numerosos amuletos, se halla acompañada de un perrito: es, sin duda, la más delicada pintura animalística de Velázquez. Su hermana *Margarita* (1), pintada en rosas y plata, hubiera sido su última obra maestra si Mazo no la hubiera finalizado, con su habitual simpleza, al fallecer Velázquez. De este modo al contemplar la obra, conservada en el Museo del Prado, parecen crudos borrones las manchas de la cortina roja, sobre todo si se compara con el amplio guardainfante. Sus telas, miradas de cerca, dan sensaciones tachistas, sólo alcanzadas por el pintor contemporáneo Pollock. Sin embargo, al alejarnos producen efectos luminosos y móviles que rompen el estatismo de la figura. Margarita sostiene en una mano un pañuelo de sutil gasa blanca y en la otra un pequeño ramillete de minúsculas y jugosas rosas rojas. Cruza su núbil pecho una serpenteante y gruesa cadena de oro; sobre ésta, un gran broche adorna una amplia amapola que hace juego con su tocado. Todo este aparato es un montaje escénico que ayuda a Velázquez a transmutar un desabrido rostro en algo bellísimo e inolvidable.

Martínez del Mazo, en la ya citada *Familia del pintor*, nos ha presentado el momento en que Velázquez, iluminado por la luz natural, prepara en su taller una de sus últimas obras. Este documento gráfico es muy importante para conocer el modo de trabajo del pintor: sólo los personajes posarían para el estudio de sus cabezas y manos, mientras que para lo demás se ayudaría con maniquíes.

En la primavera de 1660 Velázquez se encuentra en la isla de los Faisanes, en el Bidasoa, trabajando intensamente para convertir una mala edificación en salones reales dignos de festejar las bodas de la Infanta María Teresa con el rey de Francia, Luis XIV. A la antigua usanza española, gracias a tapices y alfombras procedentes de Madrid, el caserón fue convertido en un efímero palacio.

A finales del mes de junio, el pintor regresa a Madrid, donde fallece el 6 de agosto, ya sea debido a enfermedades palúdicas o al agotamiento. Por fin, en los solemnes funerales se le conceden los honores debidos a su rango y personalidad.

2

8

La estela de Velázquez

L A HUELLA de Velázquez en sus contemporáneos no fue profunda. Al contrario de los grandes pintores de su misma época (Caravaggio, Rubens, Rembrandt, Ribera, y hasta el propio Zurbarán), no contó con un extenso taller y por ello sus discípulos y colaboradores fueron escasos, ya que como funcionario real debía efectuar una pintura en todo lo posible personal. Cuando emprendía labores decorativas contrataba artistas tanto españoles como foráneos. Ahora bien, a lo largo de su vida siempre mantuvo a su lado a uno o dos ayudantes para preparar el soporte y los pigmentos de los cuadros, así como para llevar a cabo copias y ayudar en réplicas.

En su etapa sevillana fue el casi desconocido Diego de Melgar quien le molió los colores y hubo de ayudarle en la pintura religiosa y de bodegones. Posiblemente algunas de las obras que se atribuyen al maestro, de escasa calidad, sean suyas. Una labor más documentada corresponde a la de Juan Pareja (m. 1670), quien le acompaña asiduamente desde su afianzamiento en Madrid, en 1623. Su lenguaje se va nutriendo del utilizado por Velázquez, adentrándose en el decorativismo imperante en la segunda mitad del siglo. No se limitaría a labores secundarias, sino que en ocasiones pintaría el drapeado de las vestiduras de algunos de los personajes de Velázquez, como en los dos retratos del conde-duque de Olivares de Nueva York y Madrid.

El discípulo que más próximamente le sigue es su yerno Juan Bautista Martínez del Mazo (m. 1667). Obras atribuidas a Velázquez corresponden a su mano, si bien en los últimos años se han incluido en su catálogo piezas velazqueñas efectuadas por otros pintores. Sebastián Martínez (m. 1667) nació el mismo año que Velázquez, en Jaén, y su prestigio le hizo ser requerido por Velázquez. Indudablemente, efectuó un buen número de versiones de sus retratos que se siguen atribuyendo al maestro sevillano. Su estilo resulta más desenvuelto y, como indica Palomino, «muy anieblado, pero con un capricho peregrino». Al parecer, Felipe IV, que a la muerte de Velázquez le escoge como pintor, indicaba que su pintura había que mirarla muy de cerca, puesto que utilizaba una técnica borronesca.

El arte de Velázquez impregnará sólo marginalmente a ciertos pintores coetáneos. Alonso Cano, su antiguo y fiel compañero, en ocasiones se acerca a su lenguaje. Sin embargo, su capacidad de transformación le obliga a decir a Palomino que al final «lo que había ya no era lo que había visto». Murillo alguna vez aporta a sus obras un aire velazqueño, aunque limitándolo a las primeras obras del genio. Es en la primera etapa cuando su producción está más cercana, como se aprecia en su San Diego dando de comer a los pobres. Alguno de sus retratos están en la misma línea.

Figuras como Carreño de Miranda y Claudio Coello aceptan esporádicamente elementos velazqueños. A finales de siglo, el pintor napolitano Luca Jordán, siempre presto a tomar de todas las fuentes que él considera interesantes, imbricará en sus pinturas estilemas del español. Una de sus más bellas producciones es el Homenaje a Velázquez (Londres, National Gallery).

Los últimos artistas citados, cuando interpretan a Velázquez lo hacen dentro de una línea estilística totalmente dispar. La *interpretación* ha sustituido en el Barroco a la *imitación* renacentista. La «maña» o la destreza reemplaza a la *corrección*, que obliga al artista a retocar continuamente una obra.

El redescubrimiento de Velázquez está unido a la idea de la modernidad. Son los ilustrados quienes comenzaron a colocar su figura en un lugar prominente en la historia del arte. El propio Mengs ya consideró, a pesar de su ortodoxia neoclásica, la valía del pintor andaluz. Goya afirma, y lleva a la práctica, que sus maestros son Rembrandt, Velázquez y la Naturaleza. Lo descubre hacia 1766 cuando trabajaba en el Palacio Real junto a Francisco Bayeu. Pero será después de 1774, al establecerse definitivamente en la Corte, cuando copia, como ya hemos dicho, la obra de Velázquez. Conforme se van aproximando los años ochenta, la influencia se va acentuando. Su *Cristo* conecta a través de Mengs con el de San Plácido. Como punto de partida para la *Familia de Carlos IV,* Goya toma las *Meninas;* poco antes pintó para el palacio de Godoy unas hilanderas como representación de *La Industria* siguiendo a Velázquez.

En 1838 se inaugura en el Louvre la galería de pintura española formada por Luís Felipe de Orleans. Había logrado reunir esta excelente colección con fondos expoliados por las tropas napoleónicas y vendidos a través de políticos españoles procedentes de la desamortización de los bienes eclesiásticos. Diecinueve de las obras expuestas eran atribuidas a Velázquez. El realismo hispano entusiasma a los jóvenes pintores inconformistas. El Romanticismo había puesto su mirada en Goya, aunque figuras como Delacroix expresaron su admiración hacia Velázquez. La nueva generación realista tomará al pintor sevillano como modelo, y así el revolucionario Courbet se atreverá a decir de un modo fanfarrón que «nunca habíamos pintado mejor Velázquez, Rembrandt y yo». Manet conoce a Degas pintando ante los cuadros del español. Cuando en 1848 es dispersada esta colección con motivo del derrocamiento del rey, el mito de Velázquez obliga a visitar El Prado a los artistas más inquietos del mundo occidental, incluidos los norteamericanos.

Velázquez y su entorno

La *Vocación de San Mateo*, del Museo del Prado (1), es firmada por Juan de Pareja un año después de la muerte de Velázquez. Sólo le debe al maestro la tipología de los dos retratos que aparecen en el extremo izquierdo —el primero es su propia efigie— y en cierto modo la degradación de los términos. En lo demás se atiende a la moda que va imponiendo Carreño, alegre en el colorido y ligera en las formas.

En cuanto a Juan Bautista Martínez del Mazo, en el retrato de la futura emperatriz *Margarita de Austria* (2), también del Prado, se muestra, al igual que en otras ocasiones, como el más fiel seguidor de Velázquez, tanto en la representación de la figura como en el escenario: la Casa del Tesoro del Alcázar.

En cuanto al retrato del bufón *Antonio «el inglés»* (3), que hasta hace algún tiempo se atribuía a Velázquez, debido a su técnica desenvuelta y a su forzada perspectiva, debe incluirse en el catálogo del importante pintor Sebastián Martínez. Tampoco debemos olvidar que los importantes pintores Diego Polo y Jusepe Leonardo intervinieron en el obrador de Velázquez.

3

2

1

La imprenta Velazqueña

El *Caballero con golilla* (1) o «El judío», pintado hacia 1675 por Murillo y conservado hoy en el Museo del Prado, es obra inspirada en alguno de los primerizos retratos del conde-duque de Olivares, lo que indica que por lo menos uno de los dos debió figurar en una colección sevillana.

La difusión de la pintura de Velázquez comienza en el último tercio del siglo XVIII, gracias a las estampas de Goya y Antonio Salvador Carmona. A veces la función devocional de la imagen conlleva la alteración del original en pro del mensaje religioso, como vemos en los elementos ligados a la Muerte que descansan al pie de la cruz en el *Cristo de San Plácido* (2), grabado por Carmona.

En cuanto a la enigmática *Maja desnuda* (4), pintada por Goya hacia 1798, en cierto modo deriva de la *Venus del espejo*. Si bien su figura está representada en una postura distinta –frontal, con desparpajo y ausente de todo elemento emblemático–, se recorta en el espacio de forma un tanto semejante. Goya la conoció en la colección de su amiga la Duquesa de Alba.

Sobre su *Familia de Carlos IV* (3), resulta tópica la comparación con Las Meninas, sobre todo porque, como Velázquez, Goya se autorretrata en el cuadro.

3

4

Velázquez y la pintura contemporánea

En 1865 Manet se traslada a Madrid, donde expresa su entusiasmo por Velázquez en cartas dirigidas a sus amigos. A Baudelaire le dice que es «el mejor pintor que jamás ha existido».

En cuanto a Picasso, ya desde su juventud se siente atraído por la obra de Velázquez. Entre 1897 y 1898 la copiará en El Prado. Entre éstas estaba la Infanta Margarita, de las *Meninas*. Pasados sesenta años, durante cinco meses trabaja asidua y enfervorizadamente en múltiples composiciones (3), tomando como punto de partida la obra maestra de su paisano. Mas, no plagia, devora. Como él dice, al final son «mis Meninas».

Ya en los años sesenta y setenta, grupos como el Equipo Crónica (1) y pintores como Arroyo acuden al repertorio de Velázquez empleando a menudo asociaciones de imágenes con una intencionalidad de crónica y protesta ligada al ambiente político del momento. Con frecuencia, las figuras de Velázquez son representativas de la España autoritaria y represiva.

Después de 1958, Bacon llevará a cabo algunas de sus obras más exasperadas tomando como base el *Inocencio X* (2). La fealdad del pontífice y el rojo sangriento atrajeron al pintor británico.

1

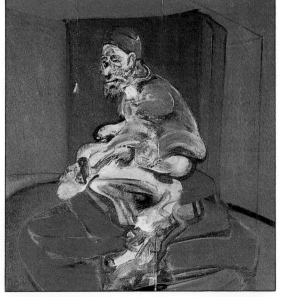

2

3

Textos sobre Velázquez

«(...)
Di, ¿retratas o animas?, pues de suerte
esa copia Real está excedida
que juzgara que el lienzo tiene vida
como cupiera en lo insensible muerte.
(...)»

Luis Vélez de Guevara, *A Velázquez*

«(...)
Por tí el gran Velázquez ha podido,
diestro, quanto ingenioso,
ansí animar lo hermoso
ansí dar a lo mórbido sentido
con las manchas distantes
que son verdad en él, no semejantes,
si los efectos pinta
y de la tabla leve
huye bulto la tinta, desmentido
de la mano el relieve.»

Francisco de Quevedo, *A Velázquez*

«...Dio en
pintar a lo valentón; objetáronle algunos el
no pintar a lo suave y pulido, en que podía
imitar al Ticiano, y satisfizo galantemente
que quería más ser el primero en aquella
grosería que segundo en la delicadeza.»

Baltasar Gracián, *El Héroe*

«Parece cosa increíble haber pintado tanto en tan poco tiempo, y en tantas ocupaciones. Con pintores comunicó poco, sólo con mi yerno (con quien se había antes por cartas correspondido) hizo amistad, y favoreció mucho sus obras por su modestia, y fueron juntos a ver el Escorial...
...No es creíble la libertad y agrado con que es tratado de un tan gran Monarca; tener obrador en su galería y Su Majestad llave dél, y silla para verle pintar...
...Diego Velasques de Silva, mi yerno, ocupa (con razón) el tercer lugar, a quien después de cinco años de educación y enseñanza casé mi hija, movido de su virtud, limpieza y buenas partes, y de las esperanzas de su natural y grande ingenio.»

Francisco Pacheco, *Arte de la pintura: su antigüedad y grandeza*, 1649

«...Diego Velázquez que dicen es hoy el mayor pintor de España...»

J. Pellicer y Tovar, Avisos, 1644

«...creció tanto su habilidad en hacer retratos con tanta bondad y arte, y tan parecidos, que causó gran maravilla así a pintores como a hombres de buen gusto; pero como la envidia no sabe estar ociosa, procuró deslucir la buena opinión de nuestro Velázquez, sacando por una línea y no recta, unos censuradores (que es una semilla o cizaña sembrada por todo el campo del mundo) que se atrevieron a decir que no sabía hacer sino una cabeza (disparate como de envidiosos;)...»

Jusepe Martínez, Discursos practicables del nobilísimo arte de la pintura.

«Inclinóse a pintar con singularísimo capricho, y notable genio, animales, aves, pescaderías y bodegones con la perfecta imitación del natural, con bellos países, y figuras; diferencias de comida y bebida; frutas, y alhajas pobres, y humildes, con tanta valentía, dibujo, y colorido, que parecían naturales, alzándose con esta parte, sin dejar lugar a otro, con que granjeó gran fama, y digna estimación en sus obras...

...y así como el nombre de Fidias jamás se borró, en cuanto estuvo entera la estatua de Minerva, y el de Ticiano, en cuanto durase el del señor Felipe Seguno; así también el de Velázquez durará de unos siglos en otros, en cuanto durase el de la excelsa, cuando preciosa Margarita; a cuya sombra inmortaliza su imagen con los benignos influjos de tan soberano dueño...

...Pusieron a el cuerpo el interior humilde atavío de difunto, y después le vistieron, como si estuviera vivo, como se acostumbra hacer con los caballeros de órdenes militares: puesto el manto capitular, con la roja insignia en el pecho, el sombrero, espada, botas y espuelas; y de esta forma estuvo aquella noche puesto encima de su misma cama en una sala enlutada; y a los lados algunos blandones con hachas, y otras luces en el altar, donde estaba un Santo Cristo, hasta el sábado, que mudaron el cuerpo a un ataúd, forrado en terciopelo liso negro, tachonado, y guarnecido con pasamanos de oro, y encima una cruz de la misma guarnición, la clavazón, y cantoneras doradas, y con dos llaves: hasta que llegando la noche, y dando a todos luto sus tinieblas, le condujeron a su último descanso en la parroquia de San Juan Bautista...»

A. Palomino, El Museo pictórico, Escala óptica, 1724

Cronología

1599   El 6 de junio, en la parroquia sevillana de San Pedro y con el nombre de Diego, es bautizado el hijo de Juan Rodríguez de Silva y Jerónima Velázquez.

1602   Nace en Sevilla Juana de Miranda Pacheco, futura esposa de Diego Velázquez.

1603   Primer viaje de Rubens a España; indica que no existe ningún pintor importante en la Corte.

1605   Nace el príncipe Felipe Domingo, futuro Felipe IV. Se edita la primera parte de *El Quijote*.

1609   Velázquez inicia su aprendizaje con Francisco de Herrera El Viejo (m. 1656); al parecer, trabaja con él menos de un año.

1610   El 1 de diciembre comienza a recibir lecciones de Francisco Pacheco, su verdadero maestro.

1617   Velázquez supera el examen de aptitud que le abre las puertas de la corporación de pintores sevillanos y le capacita para ejercer su profesión en los territorios de la Corona.

1618   Contrae matrimonio con Juana de Miranda. Fecha *La vieja friendo huevos*.

1619   Fecha *La adoración de los reyes*.

1621   Fallece Felipe III. Es coronado su hijo Felipe IV. El conde-duque de Olivares, su preceptor, obtiene el cargo de *valido* (primer ministro).

1622   En primavera, Velázquez viaja a Madrid; retrata a Góngora. Visita las colecciones reales, lo que influye en el desarrollo de su estilo. Flandes es incorporada a la Corona española: comienza la actuación de focos rebeldes.

1623   Al mediar el año efectúa su traslado definitivo a Madrid. En agosto pinta a Felipe IV, quien el 6 de octubre le concede el título de «pintor del rey».

1625   El 5 de junio tiene lugar la reconquista de Breda (Holanda).

1627   El soberano convoca a sus pintores para concursar; el tema propuesto es la expulsión de los moriscos. Velázquez es el vencedor, obteniendo como premio el nombramiento de «ujier de cámara».

1628	Segundo viaje de Rubens a Madrid, donde conoce a Velázquez. El pintor flamenco realiza un perdido retrato ecuestre de Felipe III.
1629	Primer viaje a Italia. Se le pagan *Los borrachos*. El 10 de agosto embarca en Barcelona rumbo a Génova; a bordo va Spínola, vencedor de Breda, a quien retratará en *Las lanzas*.
1630	Viaje por la Península italiana y estancia de un año en Roma. En invierno embarca en Nápoles.
1631	En enero, después de su regreso, reemprende sus labores pictóricas. *Cristo* de San Plácido.
1635	Concluye *La rendición de Breda.*Guerra entre España y Francia.
1638	Fallece Vicente Carducho, rival de Velázquez. Efectúa el retrato ecuestre del Conde-duque, representado en la batalla de Fuenterrabía.
1639	Lentamente, Velázquez va elaborando el majestuoso retrato del duque Francisco I de Módena, que un año antes posó para él.
1642	Desde la primavera al verano acompaña a Felipe IV en la campaña contra los independistas catalanes.
1643	Estrepitosa derrota de los tercios de Flandes.
1646	Nombrado «ayuda de cámara con oficio».
1649	En enero embarca hacia Italia, acompañando a la comitiva que debía recibir en Trento a la prometida real Mariana de Austria.
1651	Regresa a Madrid tras la insistencia del rey.
1652	El rey le nombra «aposentador de palacio» en contra del parecer de los miembros de la comisión.
1656	Pinta *Las Meninas*.
1658	Al final de un largo proceso burocrático obtiene el título de caballero de Santiago.
1660	Entre abril y mayo decora el caserón de la Isla de los Faisanes, en el Bidasoa, como residencia real y lugar para los desposorios de María Teresa y Luis XVI. Al regreso cae gravemente enfermo, falleciendo el 6 de agosto. Es enterrado con los honores debidos a un caballero de la Orden de Santiago.

Glosario

Alegoría Representación simbólica de ideas abstractas por medio de figuras o atributos.

Aposentador de palacio Tenía como funciones principales la distribución de las habitaciones de palacio, de las cuales poseía una llave maestra, y la de controlar el mantenimiento del mobiliario y la limpieza del recinto.

Arte efímero Es el destinado a una utilización momentánea con motivo de una celebración. Terminada ésta, es destruido.

Arrepentimiento Corrección efectuada por el pintor en su obra, visible a través del tiempo o por radiografías.

Boceto Del italiano «bozetto». En pintura, el «borrón» o «borroncillo» previo a la ejecución, coloreada para conocer el futuro efecto cromático.

Cartón Dibujo sobre papel de diferente grosor según el tamaño de la obra (pintura, mosaico, tapicería...) a la que sirve de modelo. Se aplica por extensión a los modelos para tapices pintados sobre lienzo.

Composición En pintura se denomina de este modo a la disposición de los diversos elementos que integran un cuadro.

Corveta Movimiento que se enseña al caballo en su doma, obligándole a ir sobre las patas traseras con las delanteras al aire.

Damasquinado Embutidos de hilos de metales preciosos en finas ranuras practicadas en una lámina de acero o hierro.

«Di sotto in sú» De abajo a arriba. Sistema perspectivo utilizado desde el Renacimiento.

Emblema Jeroglífico o símbolo en que se representa alguna figura. A sus pies se escribe un lema o verso que expresa su concepto.

Estilo Carácter propio por el que el artista refleja su personalidad en sus obras.

Golilla Adorno con base de cartón sobre el que se coloca una tela blanca almidonada o engomada.

Gorguera	Adorno de cuello realizado con lienzo plegado y alechugado.
Guardain-fante	Especie de faldellín redondo, muy hueco, realizado con alambres y utilizado especialmente en el siglo XVII.
Iconografía	Ciencia que trata de la descripción de las imágenes representadas en las obras de arte.
Inventario	Asiento de los bienes y otras cosas pertenecientes a una persona, comunidad o institución realizada con un orden preciso.
Original	La obra producida directamente por el artista sin ser copia o imitación. La copia en la que ha intervenido el propio artista se denomina «réplica».
Pintor del rey	Título concedido al pintor que efectúa los retratos reales. Bajo su control se llevan a cabo los contratos y se supervisan los trabajos artísticos de la Corte. Pintor de «cámara» es un cargo honorífico, concedido generalmente como premio por las labores realizadas para la Corona.
Plein-air	Pintura realizada al aire libre, en plena naturaleza. Se desarrolló en el siglo XIX en el Realismo y el Impresionismo.
Realismo	Tendencia artística que busca la realidad conceptual. Se ha desarrollado especialmente en el siglo XIX, pero también se denomina realismo a una actitud semejante desarrollada en el Barroco, que tiene su génesis en el naturalismo.
Valona	Cuello grande y vuelto sobre la espalda, hombros o pecho utilizado en el siglo XVII. Por lo general se emplea el encaje.
Vanitas	Tipo de bodegón generalizado en el siglo XVII en el que se representa objetos, flores y huesos humanos. Con este tipo de pintura se trata de advertir sobre la brevedad de la vida en relación con lo eterno.

Bibliografía

Angulo, D.: *Velázquez. Cómo compuso sus cuadros principales,*C. S. I. C., Sevilla, 1977.

Azcárate, J. M.ª: *Velázquez,* «Los genios de la pintura española», Sarpe, Madrid, 1983.

Bardi, P. M.: *La obra pictórica completa de Velázquez,*«Clásicos del Arte», Noguer-Rizzoli, Barcelona, 1970.

Beruete, A. de: *Velázquez,* Cepsa, (ed. franc. 1898), Madrid, 1987.

Brown, J.: *Velázquez. Pintor y cortesano,* Cátedra, Madrid, 1986.

Camón, J.: *Velázquez,* Espasa-Calpe, Madrid, 1964.

Domínguez Ortiz, A.; Pérez Sánchez, A. E.; y Gállego, J.: *Velázquez,* cat. exp., Madrid, Museo del Prado, 1990.

Gállego, J.: *Velázquez en Sevilla,* Sevilla, Diputación Provincial, 1974.

– *Velázquez,* Anthropos, Barcelona, 1983.

Gudiol, J.: *Velázquez,* Polígrafa, Barcelona, 1982.

Harris, E.: *Velázquez,* Phaidon, Oxford, 1982.

Justi, K.: *Velázquez y su siglo,* (ed. alem. 1888), Madrid, 1953.

Maravall, J. A.: *Velázquez y el espíritu de la modernidad,* Madrid, Guadarrama, 1980.

Sánchez Cantón, F. J.: «Cómo vivía Velázquez», *Archivo Español de Arte,* pp. 137-140, 1942.

VV.AA.: *Varia Velazqueña. Homenaje a Velázquez en el III Centenario de su muerte,* C. S. I. C., Madrid, 1960.

– *Velázquez y lo velazqueño,* cat. exp., Dirección General de Bellas Artes, Madrid, 1960.